Piero Buscemi

Enne

**ZeroBook
2020**

Titolo originario: *Enne* / di Piero Buscemi

Questo libro è stato edito da **ZeroBook**: www.zerobook.it.

::.Prima edizione: luglio 2020

ISBN 978-88-6711-179-4

Foto di copertina di Наркологическая Клиника. Grazie a Pixabay,com. Copertina by ZeroBook design division.

Controllo qualità **ZeroBook**: se trovi un errore, segnalacelo!

Email: zerobook@girodivite.it

Prefazione

"Chi genera non è ancora padre,
un padre è chi genera e chi lo merita"
(Fëdor Dostojevskij,
I Fratelli Karamazov)

Il 2020, ed auguriamoci rimanga l'unico, sarà l'anno che passerà alla Storia per la quarantena coatta alla quale un mondo intero è stato costretto. Il motivo un virus misterioso e una malattia, la Covid-19 che, alla data in cui sto scrivendo, non completamente conosciuti né accantonati definitivamente con tutti i dubbi annessi di una ricomparsa nelle nostre vite anche nei mesi e, forse, negli anni a seguire. Da redattore della testata giornalistica *Girodivite*, dopo la celebrazione del venticinquesimo anniversario dalla fondazione, festeggiata a novembre del 2019, non poteva accadere cosa più imprevedibile di quella di ritrovarsi a svolgere il lavoro di testimone di avvenimenti del nostro tempo, attraverso le pagine digitali di un giornale, chiuso in casa a raccattare storie da rendere giornalisticamente pubblicabili e appetibili al letto-re.

Adattatasi alle disposizioni impartite dal governo, l'in-dole della scrittura ha finito per essere la giusta compa-gna di interminabili giorni di un periodo di segregazio-ne domestica che, una data impressa sul Dpcm emanato dal Parlamento, ne ha stabilito l'inizio, ma che durante la stesura di questo libro non era possibile stabilirne una fine. Non è stato facile come non lo è stato per nessuno. Ritagliarsi spazi di tempo che, all'improvviso, sono di-ventati vitali e necessari. Momenti di riflessione e di in-trospezione intimi, obbligati a scavare nel proprio pre-sente, rimpiangendo eventi del nostro recente passato e, inevitabilmente, protratti verso un futuro incerto che, da fonti informative contrastanti e confuse che sono pervenute, hanno lasciato un sentimento di incertezza – tale da azzardare un pensiero pessimista su una condi-zione di vita consolidata in uno status di continua pre-carietà dal quale diventerà sempre più difficile uscirne.

Questa sorta di diario intimo, che è stato lo spunto di questo libro, si è sviluppato dopo qualche settimana dal-l'avvio della quarantena che, originariamente era stato quantificato in quindici giorni. Il proseguimento di que-sta nuova condizione ha suscitato la voglia di documen-tare le sensazioni personali, condivise a distanza con il resto della redazione, con gli amici di sempre e tanti ritrovati dopo anni di silenzi distratti. Ho sentito necessario il bisogno di dedicare il tempo disponibile alla scrittura, impiegandola a riepilogare le sensazioni e gli stati d'animo, variabili e imprevedibili, che ogni giorno mi ha offerto. Mi sono ritrovato così a far fronte a un dovere da cronista, in cerca delle notizie più consone ad essere trattate sulle pagine di Girodivite, e la libertà di scrivere di me stesso e degli eventi che, nonostante la Covid-19, era scontato che si verificassero.

Il titolo del libro è legato alla lettera N che sta ad indicare un numero imprecisato di giorni già trascorsi dal momento che ho scelto di iniziare a scriverlo. Ogni capitolo è numerato riprendendo il titolo con l'aggiunta di un numero progressivo accanto al segno "+". Questo spiega il perché il totale dei capitoli non corrisponda con il numero totale dei giorni trascorsi in quarantena.

Santa Teresa di Riva, 1° maggio 2020

Piero Buscemi

Enne

N… giorno

Ho voglia di scrivere. La sento nascere dentro come un bisogno da soddisfare nel più breve tempo possibile. Sarebbe facile lasciare la mente andare senza imporle alcun controllo. Magari chiudere gli occhi e liberare le dita sulla tastiera in cerca di un'estasi da non contrastare. Da non curare. Intanto le immagini di un film dedicato a Van Gogh scorrono sullo schermo. M'intingo di giallo, dentro il suo mondo che ad ogni sequenza diventa il mio. Non so quanti giorni siano passati. Non mi chiedo quanti ne dovranno passare perché il mondo che riesco a vedere è soltanto un metro quadrato scarso di finestra. Porzioni di una parete di bianco appassito da una giornata uggiosa, che si è insediata alle altre. Una lampada a muro tonda mi ricorda il mare, ma la salsedine si mantiene lontana dietro palazzi uniformi che qualche settimana fa suonavano di voci comari a scambiarsi banalità di vita vissuta. Non mi mancano. Adoro il silenzio ovattato che mi fa udire i suoni che gli altri scartano con fastidio. Non scorgo l'anziana signora dai capelli ramati che passeggiava ogni giorno sul balcone. La seguiva sempre un cane. Un jack russell di razza, di quelli che sai che ci sono perché il loro abbaio ti entra nei timpani fino a pensare che facciano parte del sottofondo di una vita. Provo ad allargare l'angolo di visuale credendo di poterla scorgere in un altro frammento di balcone. Non c'è. Questa strana alienazione ha zittito anche il cane. Mi giungono altri suoni che provo a decifrare. Strani ticchettii di orologi appesi fermi da anni. Non so come io riesca ad udirli. Fanno ingresso nella mia mente senza chiedere permesso. Una serranda abbassata, verde sbiadita dal sole. Ancora quel frammento di balcone, spoglio da qualsiasi vaso ornamentale. Vuoto come la sensazione di abbandono che si percepisce da oltre la porta di casa. Qualche voce occasionale, più un riverbero stizzito non si sa bene contro chi. Giunge all'improvviso e come d'incanto scompare. Ritorna un silenzio consolatore. Uno di quei ricercati silenzi che inseguo nelle notti d'estate quando un mondo intero urla la sua presenza, temendo di scomparire nell'ombra. Uno di quelli che mi riporta a ricordi lontani. Assopiti da troppo tempo. Vorrei raccontarli in un breve lasso di tempo, ma temo di interrompere l'incanto. Altri rumori si uniscono agli altri. Il legno dei mobili che respira. Sono riusciti, mi chiedo ancora come abbiano fatto, ma hanno legittimato la solitudine. Quella che scorre da uno schermo di computer e da tante, troppe faccine inespressive metafore di uno stato d'animo. Andrei indietro con i ricordi, a ricollocarmi in una scena disfatta. Troverei difficoltà a ricomporre la scena. Volti fissati in una vecchia fotografia non riescono a riposizionarsi con precisione in questa malinconia guidata da una voglia di fuga.

N… giorno + 1

Dovrei essere in viaggio. Dentro la carlinga di un aereo. Forse non oggi. Ricordo che ho un volo prenotato. A maggio, forse. Una città del nord mi aspetta per condurmi dentro sale espositive. Ci andrei in treno però. Vorrei accomodarmi su una poltroncina, una di quelle che si vedono negli spot pubblicitari. Godermi il panorama, sin dal momento della traversata in traghetto. Sfogliare l'Italia da un finestrino sbiadito dagli aloni della pioggia. Tornare ad essere migrante abbagliandomi al paesaggio. Sono in fila invece. Fuori da un supermercato. Fuori. Non dentro. Guardo un'improvvisa dimostrazione di civiltà nei miei compagni di fila verso un metro di distanza tra noi. Più di quelle che riesco a percepire nei pensieri. Vite staccate e apatie legittimate. Osservo le persone in attesa che mi precedono. Mi volto distrattamente con la scusa di osservare un cielo più nuvoloso del solito. Cerco di capire dove finisca la sequela. E la follia travestita da prudenza. Anche loro osservano me. Sono l'unico senza mascherina. Sento il peso dei loro occhi che giudicano. Non comprendo di cosa mi accusino ma assorbisco la loro compattezza in una sentenza all'unanimità. Stare fuori dai canoni non è accettato neanche in tempi normali. Figurarsi ora che sembriamo tutti ricacciati nel Medioevo. Non solo metaforicamente. Arriva il mio turno. Devo aspettare che un cliente abbia finito di pagare ed esca. Qualche minuto ancora e potrò togliermi da questo disagio. Una ragazza mi coglie di sorpresa. Scende la rampa d'ingresso al supermercato. Si avvicina allarmata ad un eliminacode posto vicino la vetrata. Ha la mascherina che le copre metà del volto. È giovane. Forse trent'anni scarsi. Ci rimprovera di non avere preso il numero che fissa il diritto cronologico dell'attesa. Lo fa lei per noi. Ha i guanti azzurri, stile quelli che ho visto indossati dal personale sanitario nei servizi dei telegiornali, che passano e ripassano ogni mezz'ora cadenzando il tempo trascorso nelle nostre case. Neanche i guanti la fanno sentire sicura. Strappa i biglietti numerati e li appoggia su una piccola fessura dell'eliminacode. Si volta a guardarmi come ad un invito a non sottrarmi a quel rito da lei stabilito e condiviso dagli altri. Non riesci a rispettare un turno d'attesa senza che un foglietto di carta numerato te lo legittimi? Non so perché le rivolgo questa domanda. Ho già oltrepassato con il piede destro il confine tra chi dovrà inventarsi qualcosa per i prossimi minuti e chi, dentro, assapora uno strano senso di libertà.

Mi inquieta lo sgomento che questa ragazza non riesce e non vuole nascondere. Sembra che sia giusto che la paura debba essere condivisa. Non è solo figlia di una cultura di adeguamento alla massa e alle sue scelte. È autoconvincersi che si stia nel giusto. Nella comprensione di come stiano le cose. Quelle che ci raccontano, quelle che ci impartiscono, quelle che ci pubblicizzano come necessarie. Per la salvezza di tutti. Non posso permettermi il lusso di pormi in controcorrente. Riesce a farmi sentire la responsabilità di un possibile danno che potrei procurare a queste persone che non riescono neanche a scambiarsi un buongiorno, azzardato pensare a un sorriso. Vorrei chiederle se questa sua meticolosità faccia parte del suo carattere. Quello abituale, quello che la contraddistingue. Quello in cui si riconosce ogni giorno. O quello in cui forse si riconosceva fino a qualche settimana fa. Vorrei, ma preferisco entrare nel supermercato e godermi quel momento di sovranità di tempo e di spazio. Volutamente quasi con un bizzarro appagamento mi immergo tra i corridoi che separano gli scaffali. Prelevo con parsimonia pochi prodotti in ordine sparso. Mi soffermo a leggere informazioni stampate sulle confezioni. Un espediente per dilazionare la mia mezz'ora d'aria. Quando esco incrocio gli occhi della ragazza diligentemente in fila ad aspettare il suo turno. Le passo vicino con l'intenzione di metterle soggezione. Non ha più la mascherina a coprirle l'altra metà del cielo. Sorride. Incredibile, sorride. Ricambio quel piccolo gesto di umanità e faccio rientro a casa.

N… giorno + 2

È come uscire in clandestinità. Non avrei pensato di giungere a questa considerazione fino a qualche giorno fa. Non so di preciso quando ho maturato questa idea. Restare rinchiusi tra le mura domestiche comporta un annullamento della cronologia del tempo. Non è amnesia dovuta al ripetersi degli eventi, come se fossero sempre gli stessi. È difesa. Sembra assurdo arrivare a parlare di difesa, come se realmente fossimo dentro una guerra. Mi crea disagio. Sentirmi come impegnato su un fronte invisibile nel quale tutti si aspettano che faccia la mia parte. Mi sento snaturato, rispetto alle esperienze vissute nel tempo e in un recente passato. Immagini confuse mi riportano ad altri ricordi. La mente viaggia troppo quando si è segretati nel proprio ambiente. A volte si svuota quando ci si ritrova in spazi aperti. Al chiuso il cervello non riesce ad annullarsi. Reagisce per sopravvivenza. Ricordi. Passeggiate tra colline calpestate nel silenzio. Forse era Perugia. Non ne sono certo. Magari Comiso. Anni fa. Non riesco a collocare gli eventi in una data ben precisa. Ma un'idea di pace mi ha condotto in quei luoghi. Oggi rinnego me stesso e i sogni che mi hanno condotto qui. Catturato da una sintassi bellica, tornata di moda. Anche un'emergenza come un virus che ci ha rinchiuso nei nostri odori, trova giustificazione in una sintassi bellica. Come se non si possa trovare un modo diverso per descrivere un'angoscia che chiede una reazione. Si perde davvero la cognizione del tempo. È difesa, motivata dal bisogno di obliare per sempre la conta dei giorni. Non ha importanza sapere quanti ne siano passati. È necessario glissare questa informazione. Aiuta a non immaginare quanti altri ne potrebbero passare. Mi ritrovo per strada, anche oggi, clandestinità anche questa. Fuori da un rifugio sicuro, mi ritrovo a scendere le scale del condominio. La porta a vetri mi divide da una illusoria e ritrovata libertà. Non riesco a non farmi condizionare dagli avvisi alla prudenza. Ho ricordato i monatti, qualche giorno fa parlando al telefono con il mio amico Tino. È stato un modo per sdrammatizzare il momento e fingere una competizione più nobile che ostentasse cultura. Adesso sono impietrito davanti a questa maniglia che ho azionato migliaia di volte senza alcun recondito pensiero. Istintivamente allungo la manica del giubbotto e copro la mano. Con questa insolita periferica anatomica mi ritrovo ad azionare il meccanismo di apertura. Una ventata violenta mi colpisce il volto. Non è una metafora. È vento. Forte e diretto che viene dal mare. Sento in lontananza il fragore delle onde che sbatte violentemente contro la battigia. Lo immagino scavando nei ricordi di scene vissute centinaia di volte, durante le mareggiate invernali. Spruzzi di acqua mi colpiscono la faccia. Pioggia che si mescola alla salsedine trascinata dal vento. Non avrei avuto indugi in altri momenti. Sarei indietreggiato a richiudere la porta. Avrei rifatto le scale con la stizza di una rinuncia e sarei rientrato in casa stordito dal rombo del mare soffiato dal vento. Non me lo posso più permettere questo privilegio di scelta che sa di rinvio a tempi migliori. Vivo la sensazione di chi vivrà nel rimorso di non poter ripetere l'esperienza. Di non averne più occasione. Ho già fatto i primi passi sul marciapiede ovattato dall'assenza. Clandestinamente. È il sentimento che mi sincopa i movimenti. Avvolgo la testa col cappuccio del giubbotto. Un'altra protezione dell'inconscio che meccanicamente mi impedisce di volgere lo sguardo oltre un angolo ben ristretto della mia visuale. Accelero senza motivo la frequenza dei passi. In breve tempo mi ritrovo ad imboccare una stradina a destra. Conduce verso le campagne dietro casa. Quelle che mi soffermo ad osservare tutte le mattine appena sveglio, cercando i dettagli di una nuova meraviglia. Passo sotto il ponte della ferrovia. Ci passano i treni che scuotono i vetri delle finestre di casa. Tutti i giorni. Mai come in questi giorni ho memorizzato gli orari e la direzione della loro destinazione. Mi inebrio dello scricchiolio dei passi sullo sterrato strappato dalle auto che ho visto passare negli anni su questo viottolo. Gli agrumeti al di là delle recinzioni si chinano al mio passaggio in un ingiustificato rispetto. Sono io ad invadere il loro mondo, ma mi illudo che possano respirare lo sgomento che mi trascino da qualche giorno. Non lo saprei nascondere. Non so fino a quando sarà mio fedele compagno. Né se lascerà un giorno la mia mente confusa. Respiro a pieni polmoni come se potessi farmi restituire da quelle arance fuori stagione il profumo della zagara. Ne raccoglierò qualcuna, durante il percorso di rientro a casa. Come un bottino di guerra. Ancora questa sgradevole parola che si impadronisce dei miei pensieri. Continuo la passeggiata, soffermando lo sguardo ad ogni ansa della strada che si apre nel panorama marino che mi appare all'orizzonte. Continua a piovere, ma non rinuncerò al mio breve diritto a un gesto di rivoluzione. Non incontro nessuno, neanche oggi. Giungo sopra il cavalcavia dell'autostrada. Un serpente biforcuto di pece bagnata. Da un lato guarda un'Etna insolitamente imbiancata in questa primavera consolidata. Dall'altro si dissolve verso Messina, avvolta dalle nuvole. Mi sarei fermato in altre occasioni a catturare i dettagli con il cellulare, da condividere con qualche amico in un messaggio virtuale. Mi sembra una perdita di tempo e resisto alla tentazione. L'ultimo tratto di questo sentiero di campagna si inerpica improvvisamente, cogliendo impreparati coloro che la percorrono per la prima volta. Ho anni di polvere raccolta dalle suole e mi preparo ad affrontare lo strappo. La strada volge a destra alla fine della salita. Le case tornano a riavvolgere la mia clandestinità. Sobbalzo al rumore di qualche auto sporadica di passaggio. Riesco a scorgere dal parabrezza volti sgomenti più di me con altre mascherine a creare distacco. Alcuni necrologi affissi com'è uso dalle nostre parti attirano la mia attenzione. Mi avvicino concentrando l'attenzione sull'età. Cinquantaquattro, settanta, sessantotto. Un volto sorridente da una piccola foto posta a destra di versi improvvisati alla memoria fa da cornice ad un incredibile numero cento, che stona con la propaganda di morte prematura che si è diffusa nell'immaginario della gente. Torno verso casa, con le età più giovani a ritmare i miei passi. Mi impongo di fermarmi a raccogliere qualche arancia. Per un momento immagino un controllore delle libere uscite a bloccarmi il cammino a pretesa di un giustificato disprezzo delle regole. Gli mostrerei le arance, come un alibi infantile. Umano da contrapporre alla brutalità di un dovere. Ritorno sul selciato e con uno sguardo veloce impressiono la mente con il contorno del castello normanno di Sant'Alessio. Pochi passi ancora e ritrovo il portone di casa. Alzo la testa in direzione del balcone che ospita l'anziana signora dai capelli ramati. Il vuoto sibila la ringhiera metallica dalla quale ogni tanto vedevo il cane sporgere la testa. Chissà quanti anni ha la signora? Me lo chiedo salendo le scale che mi riportano alla porta di casa.

N... giorno + 3

Piove. Oggi con maggiore violenza di ieri. Sentito i batti-
ti dell'acqua ritmare un tempo che sembra non voglia
trascorrere mai. Non mi permetterà di uscire. Scruto l'o-
rizzonte cercando quell'isola di cielo che da queste parti
lascia sempre un piccolo spazio all'apertura. Grigio
piombo. Neanche la soddisfazione di un tuono a movi-
mentare un'apatica ripetizione degli eventi. Non guardo
neanche l'orario la mattina quando mi sveglio. Mi sposto
per la casa provando ad immaginare di poterla trasformare in un cortile. Recintato magari, ma con quella sensazione di spazio aperto ad un passo che proverei ad accennare. Potrei fare il percorso al buio. Nella solitudine e
nel silenzio, la mente riesce a memorizzare la disposi-
zione degli oggetti del giorno prima. Non che mi stia
preoccupando di dare loro una sembianza di ordine. A
volte non alzo neanche la serranda della finestra che mi
tiene ancora collegato al mondo. So che troverò i miei
passi fino in fondo al corridoio. Resterò fermo davanti al
più remoto finestrone con gli occhi ancora chiusi, come

faccio ormai da giorni. Qualche minuto a riflettere non si sa bene su cosa, prima di immergermi nella monotonia delle notizie che il televisore saprà restituirmi. Ripasso a memoria gli interventi cadenzati che si susseguiranno. Le facce di coloro che proveranno a spiegarmi cosa stia succedendo. Evoluzioni, impennate di ottimismo, momentanei crolli di umore. Non so più che maschera scegliere per affrontare la giornata. Mi volto, come previsto. Ripercorro il corridoio a ritroso ed entro convinto in cucina. Mi arrivano le voci di qualcuno che finge di affrontare una giornata normale. Si scambiano commenti sulle dichiarazioni degli esperti. I doveri di casa da affrontare comunque. Fanno quasi a gara a chi si concederà la libertà di occuparsi dei servizi essenziali. Già, i servizi essenziali. Quelli che una nuova legge di stato ha codificato con la pretesa che ci possano uniformare tutti. La voce va in dissolvenza ad un certo orario. Ho la sensazione che la paura di sembrare normali prevalga sulla sofferenza del momento. Un arrivederci affrettato interrompe questi scambi di umanità. Lascio per qualche attimo il finestrone aperto, auspicando che quel contatto a distanza col mondo possa tornare a trovarmi. Non capita mai. Quando la voce delle persone ai balconi si zittisce, non si ripresenta per tutto il giorno. A volte esco nel pianerottolo del condominio ad accendere la luce delle scale. Simulo la discesa e la salita di vicini di casa che in situazioni di vita quotidiana non mi sognerei nemmeno di incrociare. Poi la porta si richiude dietro le spalle. La caffettiera borbotta un suono di consuetudine ereditata. Assaporo quel liquido nero. Caldo. Non attendo neanche che si raffreddi. È un modo infantile per suscitare una reazione del corpo. Intorpidito da notti trascorse a sognare contatti umani per molte ore di seguito. Non ho mai dormito senza sobbalzi come in questi giorni. Comincerò a leggere. Un libro qualsiasi. Uno dei tanti che occupano le mie stanze. Anche uno già letto. Molto tempo fa, sufficiente ad aver dimenticato gli intrecci della trama. Prendo a caso un libro da uno scaffale, facendomi condizionare dal colore del dorso. È arancio mattone quello che mi ritrovo tra le mani. Il mercante di coralli, il titolo. Joseph Roth, l'autore. Mi ci immergerò durante la giornata. Prima voglio ascoltare una voce amica. L'unica via di contatto è il cellulare. Cerco tra le ultime chiamate, poi spingo col dito l'icona verde della cornetta. Mi risponde subito come se non aspettasse altro che la mia chiamata. Non occorre pronunciare la parola pronto. È Tino ad avviare la conversazione. Mi trasmette un tono di disagio che non ha mai fatto parte del suo carattere, almeno quello che esterna con una certa spontaneità. È curioso come nell'ascoltare una voce conosciuta si possano immaginare le movenze, le pause, anche le smorfie mimiche mentre pronuncia la parole. Va a ruota libera. Quando ci si incontra personalmente non va mai così. Sono eccessivamente prolisso per consentire all'interlocutore di turno di finire il suo discorso senza interruzioni. Adesso non mi riesce. Non penso neppure di doverlo fare. Mi pongo in posizione di ricettore avvertendo che sia una necessità, la sua, di trasmettere uno stato d'animo nel quale ogni giorno di più diventa difficile riconoscersi. Mi parla di incertezze. Di sensazioni nelle quali pensava di non doversi ritrovare mai. Sta "rinchiuso" con la famiglia in una casa molto ampia. Ha anche un ampio spazio esterno. Diversi ettari di giardino dove improvvisare a reinventarsi una vita ancestrale. Un ritorno alle origini, mi dice. Non ha mai così desiderato litigare col fratello. Anche lui ha una famiglia con la quale condividere giorni di disorientamento. Vive a poca distanza, ma non possono incontrarsi. Si chiama rispetto delle regole, mi puntualizza. Lui, che non è mai stato così accondiscendente ad imposizioni non solo dissentite, ma che spesso ha giudicato stupide. Adesso parla con il sarcasmo che non gli è mai mancato. Ma è una barriera difensiva. La percepisco nelle pause che si concede, lasciandomi la libertà di replicare. Anche la voce sembra tremante. Mi rivolge questa accusa direttamente, come ad avermi letto il pensiero. Lo assecondo non avendo il coraggio di aumentare quel tono di allarmismo che ho la sensazione mi stia trasmettendo. Mi giustifico rispondendogli di trovarmi in balcone a controllare se abbia ripreso a piovere. Approfitto per farlo sul serio. Per rendere più vero il mio alibi. Il vento continua a sferzare trascinandosi le gocce di mare. Mi colpiscono il volto ma ambirei a ritrovarmelo davanti con tutta la sua forza. La spuma ad infrangersi sul lungomare e gli schizzi a sudarmi il volto. Divago con la mente mentre Tino continua a parlarmi della sua famiglia. Se avessi qui con me mio fratello, ma anche mio padre e mia madre, potrei restare in quarantena a vita. Non credo lo dica convinto, ma tremulo la voce per fargli sentire un punto di incontro. Quanto tempo pensi durerà? La domanda che mi aspettavo facesse. Chiudo la telefonata, riservandomi una personale facoltà di non rispondere. Neanche oggi l'anziana signora è al balcone.

N... giorno + 4

Ogni tanto occorre ridere. È come un dovere per dimostrare a me stesso di non essere ancora invaso dalla depressione. Il cellulare è un ottimo viatico in questo periodo. Caricabatterie perennemente inserito nella presa. I messaggi su qualsiasi piattaforma virtuale giungono a raffica per tutta la giornata. Non leggo tutto. Almeno io non lo faccio, ma so che altri si nutrono di questa speranza. Adocchio soltanto le prime parole nell'anteprima dei messaggi, scegliendo quali approfondire e quali lasciare in stand by. Durante la giornata ho la tentazione di riprenderne qualcuno. A volte cedo alla tentazione, altre mi sforzo di apparire coerente. Non ho mai amato adeguarmi alla massa, schiavizzata da uno schermo sempre più grande con il quale sentirsi società. Adesso è difficile seguire degli schemi ben precisi. Vivere provando a mantenere vivi gli ideali. Sono caduto anche nella trappola della querelle a distanza, scambiando messaggi litigiosi con chi ha espresso un pensiero su un social che non condividevo. Però ogni tanto occorre ridere. Lo faccio inoltrando satira dei tempi moderni, attraverso messaggi ricevuti, brevi video o massime coniate sul momento. Non sempre ho la certezza che i miei compagni di gioco vivano il momento come un'attesa, che sarà lunga ma che la speranza suggerisce destinata a finire. O se rinviino l'attimo in cui si ritroveranno con se stessi a metabolizzare i pareri contrastanti che si insediano nel cervello. Dura una buona mezz'ora questo cabaret su whatsapp. Poi passa. Lentamente, ma passa. Questo imbarazzo a ritrovarsi soli davanti allo schermo del cellulare. È l'incertezza quella che assale la penombra che la mente riesce a ricostruire. Lentamente. Fotogramma dopo fotogramma. Sa di vita vissuta quella lucciola che vedo lampeggiare attraverso le fessure della tapparella dalla casa di fronte. Era sempre alzata, non più di un mese fa. Perennemente alzata. Quasi fastidiosa, invadente, come una minaccia di eccessiva condivisione con il lato scuro della mia vita. Immagino di crivellarla di colpi fino a distruggerla completamente. La lucciola ogni tanto scompare per riapparire qualche fessura più in là. La seguo con la speranza di non perderla definitivamente. Quanti particolari, situazioni, fastidi si sono annullati in questi giorni. Rumori molesti, urla, incontri sgraditi. Tutto si globalizza nella parola sopravvivenza. Penso al momento in cui è iniziato tutto questo. Il giorno, il momento che ho percepito che il mio quotidiano stava per essere stravolto. E penso a quel giorno tornando indietro di un anno. Mi chiedo cosa stessi facendo, dov'ero. Con chi ero. Un'amnesia incomprensibile mi assale. Eppure è passato solo un anno, ma non riesco. Ci provo. Mi sforzo a liberare i ricordi collegandoli ad un volto. Una frase detta. Ascoltata. Un vuoto mentale mi rema contro. Ricordo altri momenti che mi legano a un anno fa. Precedenti o successivi alla data di inizio della mia segregazione. Chissà se questi pensieri accompagnano le giornate di chi sta vivendo a distanza lo stesso confino. Decido di uscire. Farò la strada percorsa negli altri giorni. Quella che faccio quasi a memoria. Il tunnel sotto la ferrovia. Ancora gli agrumeti. Lo sterrato a fare da sottofondo. Il cavalcavia sopra l'autostrada. Mi fermo mentre un tir appare dalla curva che dà verso Messina. Come un'immagine al rallentatore, seguo con lo sguardo il passaggio del tir fino alla successiva curva in fondo alla visuale. Poco dopo scompare alla vista. Mi spingo oltre il confine mentale che mi sono imposto nei giorni precedenti. Ho la strana sensazione di ritrovarmi in luoghi sconosciuti. Visti per la prima volta. Mi sono inerpicato su questi viottoli migliaia di volte. Migliaia, forse di più. Ho la soggezione di mentire a me stesso. Di ingigantire l'entità dei ricordi. Adesso sono uno sconosciuto davanti ad orizzonti che non riesco a riconoscere. Proseguo con timore. Annuso l'aria. Me ne pento subito, suggestionato dalle dicerie sulla propagazione del virus. Devo arrivare fino alla strada principale. Quella affollatissima strada di paese. Auto in doppia fila, pedoni a schivare la fretta di vivere degli automobilisti. Dissolvenze di discorsi privati lanciati in aria. Niente di tutto questo. Mi accontenterei di incontrare la pattuglia dei carabinieri di ronda a verificare la legittimità degli spostamenti, ma non c'è nessuno. Mi prendo di coraggio e non mi pongo limiti. Arrivo davanti ad un panificio. Entro senza indugi mentre un tizio esce con una cesta colma di fragranza che va a sistemare dentro un furgoncino parcheggiato di fronte. La donna dietro il banco mi saluta con garbo con la voce storpiata dalla mascherina. Ha alle mani dei guanti sovrapposti. Non comprendo se sia un eccesso di prudenza. Mi chiede cosa mi possa servire. Scruto la vetrina espositiva. I colori, i profumi, la varietà dei prodotti esposti mi confonde. Scelgo un pezzo di pane a caso. La donna me lo incarta con dovizia. Esco con il sacchetto aperto. Infilo la mano e comincio a masticare. Un pezzo. Un altro. Un altro sempre più grande. Poche centinaia di metri ed è finito. Sono giorni che non guardo più l'orario. Il corpo con le sue esigenze mi lancia segnali contrastanti durante la giornata. Non esistono più regole. Orari consolidati negli anni che risvegliano gli stimoli percettori. Fame, sete, sonno. Tutto mischiato. Mi riavvio verso casa. Un'ultima sosta a recuperare anche oggi il compenso della giornata. Vorrei resistere alla tentazione, ma un istinto invisibile mi guida nel gesto. Vuoto assoluto per strada. Neanche un abbaio di cane. Poso due arance davanti al portone. Chissà che l'anziana signora gradisca l'offerta.

N... giorno + 5

Ho fatto un video. Col cellulare come si usa oggi. Ho attraversato la passerella che unisce il mio rifugio con il paese confinante. È stata costruita per un collegamento alternativo sopra un torrente in secca che si gonfia e diventa pericolo nella stagione delle piogge. È stato come valicare un confine. Mi sono sentito come un migrante che fugge la paura per raggiungere l'ignoto. Forse un'altra forma di paura. C'è un supermercato proprio subito dopo aver superato il torrente. In caso di controlli sarebbe stato la mia autocertificazione. Ho raggiunto il lungomare senza incontrare nessuno. L'orario mi era complice. Il sole da poco staccato dall'orizzonte del mare. Il mare. Placato dopo una forte tempesta durante un paio di giorni. Sentivo il bisogno di andare a vederlo dopo averne sentito il boato della sua forza sconvolgere la spiaggia. La brezza salina schiaffeggiarmi il volto. Ho pure pensato se anche il virus si fosse nascosto tra quelle gocce salmastre per giungere fino alla mia imprudenza. Mi è apparso nella sua calma apparente, come quella che provo a confessarmi da giorni. Ho impostato il cellulare e ho cominciato a camminare catturando brevi sequenze emotive. C'era una murata di protezione resa meno fredda da una striscia di disegni che hanno accompagnato i miei passi. Mi è sembrato di ricomporre una storia animata. La mia. Quella di migliaia di persone che condividono la segregazione. Le decine che avrei visto passarmi accanto a correre, a passeggiare col cane, a stendersi sulla ghiaia e assorbire il primo sole primaverile. A vivere. Il video seguiva il ritmo delle mie movenze articolari. Incerte, instabili, arroganti nella mia personale sfida all'incognito destino ancora più legato ad una casualità che non so delimitare. Volevo arrivare fino alla fine del lungomare. L'ho fatto. Fin dove la spiaggia rimane strozzata dal promontorio a picco sul mare. Il castello normanno dominava la scena, come fa ormai da mille anni. I cristalli di acqua marina mi restituivano frammenti del maniero riflessi su quella superficie incontenibile. Per un momento ho avuto l'impressione di vedere due sagome umane camminare una accanto all'altra. Un uomo e una donna mentre si scambiavano sguardi ottimisti. Un breve istante di necessario miraggio di normalità. La realtà era un'immagine vuota e la dolce risacca di un mare placato dall'arrivo della bella stagione. Non ho resistito. Si diventa cedevoli quando si vive la privazione. Una libertà soffocata da una verità trasmessa da troppe sibille cubane. Impossibile da contrastare. A volte pretenzioso comprendere. Non ho resistito. Ho affrontato la scaletta di pietra che conduce alla battigia. I passi affondavano più del solito. Forse era sola suggestione. Ho assorbito quel contatto artefatto con quella natura che ci restituisce le offese, mareggiata dopo mareggiata. Copertoni di diverse misure arredavano la spiaggia. Contenitori di plastica dalle più svariate forme. Tra arbusti di legno strappati dai letti dei torrenti, ho scansato pupazzi scivolati dalle mani dei bambini. Rami di ferro arrugginito saldati a residui edili di cemento armato. Una vecchia bicicletta. Cocci di polistirolo spostati da un vento leggero. Mascherine antivirus e guanti anti-contagio. La nuova indifferenziata dei giorni della paura. Ho riposto il cellulare in tasca. Una piacevole sensazione di tepore mi ha colpito la faccia contratta dalla imprevista delusione. Ho rallentato il cammino mentre mi sono indirizzato verso casa. Ho camminato accanto alle onde remissive che non avrebbero intralciato i miei passi. Ripassando sulla passerella ho volto lo sguardo verso le colline. Avremo sempre timore delle conseguenze imprevedibili delle nostre presunzioni, ma ogni volta sarà dopo averle subite. A casa ho cancellato il video, il primo pensiero dopo aver richiuso la porta. Non voglio ancora credere che l'umanità mi mostri soltanto la faccia peggiore.

N... giorno + 6

Diffidenza. È il sentimento con il quale mi sono svegliato oggi. L'ho maturato mentre il vicino di casa scende rumorosamente le scale per portare il cane fuori. È un uomo tarchiato, eccessivamente loquace e anche il resto del condominio evita di far coincidere i momenti per ritrovarselo di fronte. Avvia sempre discorsi sconclusionati. Non riesco mai a leggerne una logica. Di solito non attende neanche che ci sia una replica. Se la canta e se la suona. È l'espressione più adatta per descrivere il suo approccio con gli altri. In questi giorni di quarantena tende ad enfatizzare la sua presenza, quasi temesse di essere presto dimenticato. Fa le scale con passi pesanti. Cadenzati, quasi ritmati. Come una danza propiziatoria che annuncia al mondo la sua presenza. Diffidenza. È nata senza un motivo ben preciso. Ho pensato a questo senso emotivo proprio mentre il vicino urlava al cane un comando che non ho compreso. Sarà stato l'immergersi in una delle tante trasmissioni tematiche che hanno invaso la mia serata di ieri. Si è aggiunto a quegli scambi di opinione che quotidianamente occupano un buon margine della giornata, quando mi collego con il mondo che mi appartiene. Gli amici, vecchi o nuovi entrati nella mia vita e che adesso condividono con me degli indefiniti stati d'animo. Ascolto troppe risposte. Certe. Ricostruiscono le dinamiche storiche, di scelta, politiche come non mai, che ci hanno condotto a questa situazione che non riusciamo ancora a comprendere se sottovalutare o dalla quale farci deprimere. Diffidenza. Verso chi ha trovato ipotetiche risposte, rette su studi e ricerche approfondite. Si libera in me un forte istinto demagogico. Voglio capire perché non prima. Perché solo adesso. Tutti hanno le risposte giuste. Tutti hanno protocolli da far rispettare. Regole da imporre. Provvedimenti risolutivi. Se in tutto questo attacco mediatico alla nostra apatia c'è qualcosa di vero, io pretendo che qualcuno mi dica dov'era quando politici, giornalisti, esperti, specialisti sminuivano il problema per trasmettere messaggi rassicuranti e antipanico. Diffidenza. Come quella che scambio con i miei interlocutori occasionali al telefono. Dietro una tastiera di computer. O semplicemente con un messaggio in chat. Sono arrivato a fare domande strane. Senza senso. Senza alcun fondamento. È un'autocensura quella che mi impongo quando esprimo i pensieri attraverso un microfono di cellulare. Provo a concedere lo spazio necessario a chi ha ancora quel minimo rispetto di non riattaccare le nostre conversazioni. Mi chiedo chi, in definitiva, esprime l'aspetto più sincero di se stesso. Mi chiedo se non siamo tutti sopra il fantomatico palcoscenico che qualcuno ha arredato sapientemente senza lasciarci almeno una bozza di copione, sul quale studiare la parte da interpretare. Improvvisiamo un po' tutti. Sento che è un errore che non commettiamo noi profani. Noi spugne da erudire con informazioni che dovranno farci capire. Non tutto. Il minimo necessario per imbastire un confronto. So che non sono l'unico. Forse anche il vicino di casa a passeggio con il cane. Magari guarda negli occhi l'animale e prova a chiedersi fino a che punto la teoria del contatto sicuro con il compagno d'appartamento abbia un riscontro scientifico. O se dovremmo scoprire un giorno di essere stati ingannati anche in questo. Se lo facesse, avrebbe la mia approvazione. Lo riqualificherei nel gruppo di quelle poche persone alle quali concedo almeno il saluto. Lo faccio al posto suo. Ma preferisco non giungere a conclusioni definitive. Non lo sarebbero in ogni caso. Già, i fottuti rapporti umani. Mi chiedo se la mia asocialità sia così evidente adesso, a seguito della quarantena forzata, o se l'abbia manifestata apertamente anche nel recente passato. Per un attimo provo a ripensare gli scambi sociali intrattenuti nei mesi scorsi. Provo a ricordare se qualcuno mi abbia mai rimproverato di questo. Mi convinco che, in situazioni di normalità, o quella a cui affibbiamo questo attributo, non si riesca a dire completamente quello che si pensa. Siamo condizionati dalle relazione emozionali che ci limitano la sfacciataggine e la coerenza quando si tratta di esprimere un giudizio o un parere davanti a chi conosciamo da troppo tempo. È come assuefarsi ai difetti degli altri, per rendere più digeribili quelli nostri. Quando la disperazione e l'incertezza prevalgono sul raziocinio, si annullano i freni inibitori e forse, si diventa più sinceri. Diffidenza. Quella che mi ha trasmesso Lisa. L'ho beccata sulla chat mentre mi informava di un'amica deceduta in una città del nord Italia, mentre svolgeva il suo dovere di medico rischiando in prima persona accanto ad una donna contagiata e senza speranze. Patologie pregresse hanno tolto ogni speranza. Così me lo riferisce Lisa, con la giusta freddezza che una tastiera sa esternare per fingere di non sentirsi eccessivamente coinvolti. Mi chiede se l'amica medico sarebbe morta lo stesso con una più semplice e meno ridondante influenza stagionale. Aspetto che i puntini saltellanti sullo schermo mi consegnino un altro suo pensiero. Arriva puntuale. È un'altra domanda. Il diritto di chiedere è l'unico rimasto in questo marasma di contraddizioni. Perché strumentalizzeranno la sua morte, mi chiede con un tono che voglio interpretare disperato. Dicono che le complicanze sono quelle che fanno la differenza con questo virus. Lisa è stanca di sentirlo dire. È stanca di cercare un motivo vero che la fa stare in casa. È pure disposta ad andare contro la propria natura, quella che l'ha fatta legare da sempre ad una vita fuori le mura di casa. Accenno ad una mia teoria che medito da qualche settimana, frutto di consultazioni su internet, sull'arroganza, perché no, di non accontentarsi passivamente sulle dottrine accettate da tutti. Le parlo delle statistiche diffuse sull'incidenza dell'influenza stagionale nella vita di un'umanità intera. Ogni anno. Mi limito ad accennare ai dati ballerini sui decessi annuali per questa innocua virulenza che solo in Italia registra migliaia di morti. Lisa mi asseconda. Mi chiede il perché di un'evidente discriminazione di causa di morte. Mi domanda chi potrebbe avere un interesse a far diventare questo nuovo virus un argomento di discussione da condividere a livello mondiale. Non ho risposte. Salvo qualche ipotesi sarcastica per fingere di sdrammatizzare il momento. Un giorno spunterà dal nulla una medicina miracolosa e un premio Nobel da assegnare. Mi giunge il graffiare delle zampe del cane che ritorna a casa. Il padrone continua a sbraitargli contro. Neanche questa volta comprendo cosa dica. Darei il Nobel a quel cane. Per la pazienza.

N... giorno + 7

Dicono che gli animali e l'ambiente ne stanno benefi-
ciando da questa latitanza umana. Trasmettono immagini satellitari che ci restituiscono un mondo più pulito.
Aria respirabile nelle metropoli in ogni continente. Pe-
chino ha rivisto il sole dopo anni di cataratta artificiale
che ha dismesso occhiali scuri. I canali di Venezia purifi-
cati da ambigui liquami. Qualcuno mi ha pure riferito di
aver notato un insolito passaggio di uccelli migratori.
Chiederei spiegazioni al jack russel della signora anziana che non vedo da giorni. Esco nel balcone auspicando
un altro miracolo umano. La solita ringhiera silenziosa
mi conferma un incedere lento e ripetitivo. Voglio chiedermi se sono di fronte a manipolazioni della realtà che
non possono avere riscontro. Non lo potevano neanche
prima dell'emergenza. Ho assorbito insieme a miliardi
di persone una descrizione dettagliata di quanto accadeva negli angoli lontani del globo. Senza un riscontro im-
mediato, personale. Attirati da scrupoli di coscienza del
momento, abbiamo risposto a richiami che ci giungeva-

no da lontano. Estinzioni da bloccare prima del baratro. Riduzioni di emissioni avvelenate e soffocanti. Marce di pace confusi ed indecisi da troppi conflitti da ostacolare. Manifestazioni ad urlare diritti calpestati. Sotto bandiere e slogan nei quali riconoscersi, abbiamo riempito le piazze rivendicando un'idea di giustizia. Non lo abbiamo mai fatto con la convinzione che avremmo cambiato la società, il futuro delle nuove generazioni, il nostro modo di relazionarci con la vita. È stato più un bisogno di appartenenza da soddisfare. Uno schierarsi dalla parte che ritenevamo giusta. Forse una reazione egoistica da contrapporre ad una pressante indifferenza. Avevamo bisogno di seguire guide ideologiche che ci conducessero verso una collettiva pulizia delle coscienze. Perché non abbiamo rinunciato mai ai comodi adeguamenti di una modernità che implicava sacrifici. Non è stata neanche una scelta obbligata tra restare metaforicamente alla finestra o esternare un sentimento di equità sociale per farci sentire migliori. Ha fatto parte di un istinto all'aggregazione, allo scambio doveroso di opinioni, al sentirsi società accanto ad una non ben precisa condivisione. Forse gli animali potrebbero davvero essere gli unici a darci le risposte. O forse ce le hanno date già, da anni. Quelle che non abbiamo mai imparato a comprendere del tutto. Quelle che è convenuto interpretare a proprio uso e consumo. A quel punto non rimaneva che legarsi a delle etichette preconfezionate. Quelle che arrivano dal passato, dalla notte dei tempi, come è erudito specificare. Pacifisti, ambientalisti, animalisti. Un elenco infinito di "isti" nel quale specchiare il proprio orgoglio di appartenenza ed un inatteso scopo di un'esistenza non richiesta. Chi ha diffuso il primo inganno? Quello che riesumeremmo da un'altra notte dei tempi. Quella che generazione dopo generazione ha plasmato la presunzione. Oggi fa parte del nostro dna. È parte integrante dell'evoluzione della specie che abbiamo giudicato inevitabile. Chi avrebbe potuto evitarlo? Chi, se avesse voluto almeno provarci? Chi, se gli avessero realmente dato un'occasione per invertire un percorso segnato? Mi ritornano in mente i volti dei personaggi che adesso utilizziamo per stampare magliette da mostrare nei raduni. Altri assembramenti che in questi giorni stanno vietando. Sento una libertà strozzata che ho ereditato dalla nascita. Un'accozzaglia di illusioni che mi hanno permesso soltanto di scegliere le tribù d'umanità da avvicinare. Spesso sono stato soffocato dalle stesse parole che ho partorito nella voglia irrefrenabile di stare sempre dall'altra parte di un assecondato quieto vivere. Come un impulso che spinge dal di dentro. Incontrollabile. Per autonoma inerzia o per volontà personale. Mi è sempre piaciuto cercare i miei simili con i quali sedermi a contemplare i messaggi di speranza che ci giungevano dal passato. Troppa gente adesso li strumentalizza in citazioni fuori luogo. Sarò costretto a rinnegarli per evitare di cedere all'ipocrisia. Alzo la testa verso l'appartamento della signora anziana. Un altro vuoto da colmare. Ho deciso di rispettare le regole oggi. Resterò a casa.

N... giorno + 8

Ho perso le inibizioni. Nei gesti, negli sguardi. Nelle parole. Basta un messaggio in chat. Uno di quelli che avrei snobbato in altre occasioni. Adesso pesano come le parole che non vorremmo mai ascoltare. Non importa chi sta dietro quel messaggio. Non mi pongo neanche il problema. Divento sboccato. Irriverente. Godo a pieno di quella unica forma di libertà che mi è rimasta. Quella di movimento che, col passare dei giorni, comincio a metterla in dubbio, la sento distante dalla mia percezione della realtà. Non bastano più neanche quelle piccole uscite dal coro. Le scuse per uscire. Divento sbruffone. Cerco quelle situazioni che potrebbero mettermi davanti al giudizio di una regola non rispettata. Perché mi assale il sospetto che l'eccezionalità di un popolo a casa possa diventare consuetudine. E allora perdo le inibizioni. Il tono della voce si fa più duro. Quello che ascolto a mente mentre scrivo un messaggio su una tastiera. Non mi riconosco e questo rincara la spavalderia nella scelta delle parole. Non mi preoccupo neanche della reazione di chi mi legge. Gli riconosco la stessa indifferenza che provo, consapevole che chi leggerà potrebbe non gradire. Cosa cambierebbe nei miei rapporti, ibernati da giorni che nessuno mi garantirà di poterli far rinascere? Volti, voci che potrei non incrociare più. E allora perché farmi scrupoli se constato che qualcuno comincia a ricambiarmi lo stesso trattamento? Continuano a dire che saremo costretti a cambiare il nostro modo di pensare a come relazionarci con gli altri. Non comprendo perché parlino coniugando i verbi al futuro. Avevo accantonato questa costatazione negli anni, come un dato acquisito e irreversibile. Non riesco a trovare le differenze tra quello che mi prospettano e ciò che ho visto affermarsi col tempo, come una conseguenza di quella che mi hanno spacciato come un'evoluzione della specie, partendo dai rapporti umani. Ma ho visto l'indifferenza, adesso camuffata in solidarietà dalla preoccupazione che nessuno riesce più a nascondere. È diversa dalla paura di morire. Dall'attaccamento alla vita. L'esistenza in cattività perde significato. L'ho sottovalutato quando bastava osservare quello che accadeva intorno a me, illudendomi che non mi avrebbe mai sfiorato. Non sono stato l'unico. Di questo ne sono consapevole. Condividere uno stato d'animo non me lo renderà più sopportabile. Ho perso le inibizioni. Forse per questo ho avuto meno rispetto e considerazione in chi ha riposto il suo destino nella solita mano divina. Ho ricondotto il discorso e l'empatia sfuggita in un gesto materiale mancato. Un'occasione di riscatto che il mondo dei credenti avrebbe dovuto rendere più tangibile. Continuo a cercare le notizie che mi parlano di guerre mai finite. Occhi di bambini che si convertirebbero a qualsiasi religione, se promettessimo loro un futuro. Chi si ricorda più di un bimbo siriano dalla maglietta rossa disteso inerme su una spiaggia? E le parole che avevano varcato la porta di un accordo di pace al quale limitarsi a fingere di crederci. Mi domando se sia soltanto io la macchia da estirpare da quelle coscienze linde che non si pongono più domande. Nessuno me ne darà la risposta. Che smentisca o confermi i miei dubbi. E allora perdo le inibizioni e me ne fotto di chi si inginocchia e cerca conforto per una situazione di disagio che pensava non dovesse vivere mai. Io domando a chi continua a invocare un perdono ultraterreno cosa pretende ancora di più dello stare casualmente nel lato giusto del mondo. Io domando perché temere la perdita della tranquillità quotidiana, delle abitudini, delle ricorrenze ripetute fino alla nausea. Forse anche della vita. Perché temere la parola fine davanti al suo cammino, se il misticismo e la sua fede manipolata gli ha sempre detto che fosse l'unica strada verso l'eterno destino che ricompensa. Voglio. No, pretendo. Che la mano che alza l'indigente si sporchi davvero di umanità abbandonata alla fatalità di una sopravvivenza che è solo stanchezza del vivere. Voglio che la frase più banale che accompagna da sempre i buoni propositi, sia legge di riscatto. Le parole che diventano fatti. Non nelle intenzioni di chi ci sta già costruendo un nuovo piedistallo dal quale ricominciare a saziare la sua fame di potere. Perché se questa segregazione dovesse avere un ultimo giorno per essere metabolizzata, non voglio ritrovarmi in mezzo a infetti di demenza senile, ad ogni età, ad ogni latitudine. Tutti in preda ad una nuova amnesia collettiva.

N... giorno + 9

Avrei dovuto farlo prima. Ho aspettato qualche giorno perché sono quelle situazioni che mi rendono vulnerabile. Non trovo le parole. Non le cerco neppure. Ripasso a mente qualche probabile frase fatta che potrebbe togliermi dall'impaccio. Alla fine improvviso, in base all'ispirazione del momento. Così l'ho fatto. Ho acceso l'hi-fi. Il mio fedele, come il nome stesso pretende, stereo con il suo giradischi vintage. Lo chiamavamo piatto, quando io e i miei compagni di crescita ostentavamo competenze musicale fuori moda. A me piaceva quello con il braccio a esse. Era l'estetica che prevaleva sull'immaturità che stentava ad emergere. Era però un segno di distinzione. Oggi lo considero soltanto una nostalgia che rivendica il suo ruolo nei ricordi. Ho voglio di tornare indietro col tempo. La musica riesce a compiere questo miracolo. Collego sempre una traccia musicale con un momento che mi è rimasto incollato nel passato. Con delicatezza, con la intramontabile paura di sgualcire una rarità, afferro la custodia del vinile. Faccio scivolare il disco bloccandolo con la mano. Poi lo adagio sul piatto per predisporlo all'ascolto. Aziono il braccio. Il meccanismo si mette in moto e con accortezza metto in contatto la puntina con la prima traccia. È *Ummagumma* il disco che ho scelto. La musica dei Pink Floyd mi trascina verso quei contatti che ho perso nel corso degli anni. Svuota la mente e rende meno alienante la segregazione. Non indugio oltre. Non voglio che i giorni di rinvio diventino vuoto mentale. E poi rassegnata vigliaccheria. Spalanco il finestrone con la musica che sembra vada in dissolvenza. Compongo il numero e attendo la giusta risposta. P. mi risponde quasi subito. Mi aspetto un tono della voce che non sarà il solito che riconosco dalle prime sillabe. Non vengo smentito. P. ha seppellito la madre. Qualche giorno fa. Non ho voluto memorizzare la data, quasi a sdoganare un dolore. Era anziana, come la generazione che sta scomparendo sotto i colpi incessanti di questo virus. La madre non è andata via per questo motivo, ormai unica causa di morte di queste ultime settimane. Non ha importanza, la sofferenza ha lo stesso sapore. Quello che mi trasmette con le parole. P. parla mentre Nick Mason batte estasiato sulle percussioni, come se lo facesse adesso. P. parla e mi descrive un rito funebre che sembra scritto per un film. Vietati i contatti. Le cerimonie funebri tradizionali. Come un salto in un'epoca lontana, hanno allestito una funzione all'aperto, per limitare gli scambi di lacrime troppo ravvicinati. Neanche il freddo di una chiesa ha potuto nascondere quel senso di solitudine che assale quando saluti una madre per sempre. Vaghi in ricordi che ti legano ancora a quel pezzo della tua vita che il legno intarsiato custodirà per sempre. Non comprendi le parole di conforto di quel servo di fede che prova a convincerti come un giorno di angoscia debba obbligatoriamente trasformarsi in un passaggio che giustifica una vita. Lo hai sentito pronunciare centinaia di volte, amico P. che non so cosa dire, mentre cerchi di consolare me, nel mio sbigottimento che sa di silenzio. Ironizzi sulla tua necessità di tornare ad un quotidiano di normalità. Quella che deve impedirti di pensare, perché il tempo continuano a dire che cancella tutto. Deve cancellare. Lo deve. Perché se non ci riesce il tempo a sanare questi graffi che senti quando ripeti il suo nome, chiedendoti come si chiamasse. P. parla e io rivolgo lo sguardo verso la collina. Il profilo di Forza d'Agrò spezza l'orizzonte e le parole di P. Non potrei interromperlo, non saprei come. È come specchiarsi nella stessa storia che abbiamo vissuto. Che altri vivranno. La prima faccia del disco intanto è finita. Torneremo a vederci, amico P., a parlare e ad ascoltare, perché ascoltare molte volte appaga di più.

N… giorno + 10

Prenderei l'auto, se potessi farlo. La batteria mi ha lasciato qualche giorno fa. Non ricordo di preciso quando. La monotonia di questi giorni annulla la capacità di focalizzare con esattezza la cronologia degli eventi più recenti. Ricordo che sono sceso in strada. La pioggia insistente per diversi giorni di seguito aveva impedito che sulla carrozzeria si formasse l'affezionata coltre di polvere. Mi sono avvicinato senza troppa convinzione. Avrei voluto trovare lo orme delle zampe del gatto del quartiere che ama dormire sui tetti delle auto parcheggiate. Nessuna traccia del felino. Ho aperto lo sportello e ho girato la chiave del quadro. Un tentativo fallito. Un secondo con l'attenuante che troppo tempo senza guidare potesse giustificare una sequenza errata di manovre. Inutile. Neanche un soffocato avviarsi del motore mi ha dato l'impressione che potessi metterla in moto. Ci ho rinunciato subito. Avrei potuto chiamare un mio amico meccanico. Sarebbe arrivato col booster e il suo sorriso ironico che mostra ogni qualvolta vuole evidenziare la sua profonda conoscenza in materia da contrapporre alla mia improvvisazione. Ho creduto che non fosse necessario creare una situazione di disagio, tra le sue nuove incazzature alla vita, costretto a cedere alle disposizioni comunali sulla lista dei buoni e i cattivi. Lui fa parte dei cattivi. Quelli che non svolgono attività primarie ed essenziali per non poter chiudere e tranquillizzare tutti. Non l'ha presa bene. Mi ha inviato un messaggio whatsapp per manifestarmi la sua contrarietà a quello che stiamo vivendo passivamente. Il messaggio conteneva anche una bestemmia. L'ha inserita pensando di rendere più duro il pensiero espresso. Forse pensando anche di toccare la mia sensibilità. Senza mezzi termini mi ha comunicato che si sente come uno che l'ha presa nel culo. Non gli interessa sapere quanti si trovino nella stessa situazione. Credi davvero che la vita di un uomo possa essere sconvolta dalla versione fantasiosa di un pipistrello capace di annullare l'umanità intera dal buio di una grotta? È un concetto più volte ripetuto nel messaggio. Mi riconosce una possibilità di replica. Sei libero di crederlo, mi ha scritto. Io non posso permetterlo, ci tiene a precisare. Non posso pensare di ritrovarmi col culo per terra, dopo venti anni di sacrifici buttati nel cesso per una classe politica che ha deciso il mio futuro, più di quanto non abbia fatto in questi venti anni. Mi sono ricollegato ai discorsi fatti in precedenza. Credo che la sua rabbia traspirasse dalla consapevolezza che lui, per primo, avesse dato fiducia a questa classe politica che adesso rinnega. Lo ha fatto con il gesto semplice del voto. Quello che ci fa illudere tutti di essere parte attiva di un sistema democratico, manifestando un diritto. Non me lo ammetterà mai. Non mi svelerà mai il suo voto segreto. Ma è questo che lo fa stare più male. È come dovere ammettere di avere dato fiducia all'artefice del suo fallimento. Occorrerebbe pensarci prima, ho pensato tra me. Non voglio sparare sull'autoambulanza, come si dice in questi casi. Se avessi avuto l'auto in condizioni di muoversi, sarei uscito per le strade del paese. Avrei raggiunto il lungomare perché non riuscirei mai a dominare questa attrazione verso una delle più affascinanti testimonianze della natura. Si perde una buona dose di angolazione visiva seduti al posto guida di un'auto. L'attenzione alla strada che viene incontro, la paura quasi sfida che una pattuglia di carabinieri possa fermare la corsa, gli occhi a caccia di temerari pedoni ad evitare sguardi incrociati nelle loro fughe d'aria. Lo avrei percorso per intero. Un'andatura costante, senza brusche accelerazioni. Avrei avuto il modo di osservare con maggiore attenzione quei dettagli che lo stress da guida dei giorni "normali" impedisce di focalizzare. Clacson nervosi per ogni rallentamento riflessivo. Sorpassi imprevisti a calpestare doppie linee continue. E quei gruppi di ciclisti a sentirsi padroni della strada che mi hanno sempre costretto a vivere momenti di tensione con la paura e a volte la voglia di fare una strage. Magari avrei azionato la telecamera del cellulare per immortalare un altro giorno di segregazione. Avrei acceso lo stereo dell'auto, facendo girare il primo cd che fosse capitato tra le mani. I particolari delle immagini che vediamo ogni giorno apparirebbero più dettagliati. Più degni di essere osservati. Una valutazione dettata dallo sgomento, da quella voglia di confessare un reato del quale non riesci a comprendere una giustificazione. La chiamano privazione. Quella che fa desiderare le cose quando qualcuno ti impone di doverci rinunciare. Strane debolezze dell'animo umano, nel quale siamo costretti tutti a riconoscerci. Poi, in fondo all'ultima curva del lungomare, avrei ripassato l'eccezionalità dell'inversione a U. Un altro gesto di ribellione. Forse un giorno capirò anche contro chi. O cosa.

N… giorno + 11

Leggo lentamente in questi giorni. Non è colpa del libro di Roth che ho iniziato qualche giorno fa. Tutt'altro. Non riesco ad andare oltre una pagina, in giornate più propizie anche due. Non oltre. Seguo il ritmo del tempo di questi giorni. Senza lo spasmo di una fretta ingiustificata, che non lo dovrebbe essere mai. Consentirebbe di soffermarsi sulle sillabe. Sulla ricercatezza dei vocaboli. Sulle trame intrecciate che coinvolgono. Il potere incontrastato della creatività che si fa scrittura. Mi sono sempre perso nelle narrazioni degli scrittori. Sin da piccolo. I libri diventano dei lettori, dopo le prime pagine. Le storie vengono smontate e ricreate qualche secondo prima che si riprende la lettura dal punto di interruzione allo sviluppo della trama con i capitoli ancora da leggere. Poi tutto si stabilizza nella versione dell'autore che conferma o smentisce la fantasia del lettore che ha osato anticipare o, addirittura, sconvolgere la trama. Vestirei questo ruolo in queste ore. Come se quello che sto vivendo dentro casa fosse la messa in opera di una sceneggiatura che troverà, prima o poi, la scena finale. La smania e l'impazienza di chi non sa aspettare l'ultimo capitolo sono i sentimenti che mi spingono ad ipotizzare la parola fine. È solo una dose eccessiva di immaginazione. Il libro di Roth fa la sua parte e istiga la fantasia. C'è anche un pizzico di presunzione che mi fa credere di essere il privilegiato che ha intuito l'inizio e il prologo di una storia che sta appiattendo il cervello, non solo quello mio. Leggo lentamente perché non ho nessuna voglia di accelerare i tempi della comprensione. Mi soffermo sulla descrizione minuziosa dell'autore dei suoi personaggi. Li impersono nelle movenze, nelle parole utilizzate che svelano e lasciano il discorso a metà. Quella attesa ansiosa che risveglia l'adrenalina fino a divorare le pagine per conoscere l'esito finale. Non ho nessuna fretta adesso. Riempio la giornata con altre attività che fino a qualche settimana fa erano le divagazioni della monotonia. Afferro il libro in momenti della giornata improvvisati. Non lascio mai un segnalibro che dovrebbe agevolarmi la ripresa del racconto. Riesco ad immergermi nella trama con la stessa enfasi del momento del precedente distacco. È come se mettessi in pratica le capacità di un trasformista che in una frazione di secondo è già un altro personaggio. È un fermento che dura poco, come ho già detto. D'improvviso scompare come la chiusura im-

provvisa del libro senza un vero motivo. È un appuntamento rinviato con la passione dello scrittore che lo ha
spinto a raccontarmi la sua favola. A volte è un rinvio
che dura qualche ora. Durante la giornata mi capita di
ritrovarmi in mano il libro, sospeso su un rigo che ho
spezzato per abbandono. Più spesso il dialogo riprende
il giorno dopo. Non so se sia un'attesa che mi porterà
alla fine della quarantena. Non me lo chiedo più. Potrebbe essere rassegnazione, se solo volessi accettare passivamente che qualcuno tracci l'ultimo segno per ultimare
un disegno che comincia a sfuggirmi in dissolvenza.
Come l'immagine che è sfuocata d'improvviso mentre
camminavo sul lungomare. Non riesco a ricordare se sia
stato stamane o ieri. O chissà quando. Ho vivo il ricordo
che fosse domenica. Non per un motivo particolare che
libera la mia mente. Sono le parole che ho sentito dal
rimprovero del vigile urbano che ha accostato l'auto per
ribadire la libertà negata di essere lì in quel momento. È
tutto chiuso oggi. Il tono della voce era quello di un cen-
sore che non si sarebbe fatto prendere per il culo da un
qualsiasi alibi improvvisato. Non mi era capitato prima
di essere fermato per strada. È una strana sensazione.
Quella che ti ficca dentro un'altra trama senza chiederti
il permesso. Sa di coprifuoco d'altri tempi. O altre latitu-
dini, se abbiamo il coraggio di ammettere che niente

cambia realmente nei vizi peggiori che affezionano l'essere umano. Il sottile gusto della privazione della libertà degli altri. La spocchiosità di una divisa che riconosce il diritto di imporre. Anche senza troppa logica. Confidando nello stato mentale confuso e lo squilibrio di una mente che non riesce più a produrre un'analisi di giudizio su quanto si stia vivendo. La segregazione, non solo fisica, soprattutto mentale, annulla ogni impeto di ribellione. Mi chiedo se quell'uomo in divisa abbia realmente compreso cosa un limite coatto possa generare nel carattere di un uomo. Mi ha guardato sottolineando con una smorfia i suoi dubbi su quelli che aveva già giudicato i miei pretesti. Chi sa di avere un potere, raggiunge l'estasi quando può esternare la magnanimità non richiesta. Quel gesto generoso che rivendica il potere. L'avvertimento non pronunciato che vale più di una minaccia. Avrei voluto correre per accendere una speranza di padronanza del mio destino. Non l'ho fatto. Sono stanco di recitare una parte. In assenza di pubblico.

N... giorno + 12

Cosa stavamo facendo un anno fa di questi tempi? Sembra la domanda più scontata e dalla risposta più immediata. Non è così come si crede. In questo dilemma ci viene incontro un qualsiasi social network che ci ricorda cosa stessimo facendo nel passato. Sono ricordi netti con cadenza cronologica ben definita. Non si può sbagliare perché non è la nostra mente che si deve sforzare per ricollegarsi al momento. A volte è una foto. Altre generazioni. Non è che un'illusione. Qualsiasi cenno di esistenza, manifestata con una traccia digitale su uno schermo che qualcuno forse leggerà, scompare nel giro di pochissimo tempo. Usa e getta. Come le nostre vite. I pensieri. Gli attimi di una giornata o di un'immagine che abbiamo ritenuto importante trasmettere agli altri. Non conta nulla. Non per una qualsiasi eternità laica ci possiamo prefiggere di considerare un rifugio dove custodire frammenti della nostra vita che, all'occorrenza, potremmo andare a rovistare come un vecchio scantinato dove custodire impolverate nostalgie da condividere con le nuove generazioni. In questa solitudine obbligata ci rendiamo conto di quante scollegate promesse di contatto si perdono nell'apatia di interlocutori occasionali che visitano i nostri profili, per non toccarli mai. Permesso di soggiorno obbligato. La porta aperta verso la consapevolezza dei nostri limiti. Umanità che si sfalda con un semplice "arresta il sistema". Penso a quante persone ho eluso un reale incontro. Nottate a scambiarsi pensieri, uniti dentro passioni comuni, interessi e desideri incontrollabili di esprimere un parere. Si sono saldate amicizie. Così ho creduto di poterle chiamare. Assecondato dalle ombre al di là di qualche centimetro quadrato, icone intercambiabili da foto raramente testimonianze di connotati da riconoscere nel tempo. Ho scambiato ideologie esistenziali con gatti soriani, pappagalli, criceti, qualche jack russell. Identico a quello che non riesco più a scorgere dietro una ringhiera di balcone. Neanche i contatti veri. Quelli con cui mi sono ritrovato nel recente passato a mostrare un volto vero. Neanche loro adesso fanno parte del mio quotidiano. Molti mi hanno già proposto videochiamate per simulare l'occupazione di una stanza. Ho respinto l'offerta al mittente. Una telecamera puntata sul viso, anche se di un rudimentale cellulare, ha il potere di inibire la voglia di mostrarsi al mondo. Scattano delle difese di illogica pudicizia. Condizionamenti di un'immagine da mostrare a distanza ma che rispetti l'idea che gli altri si sono fatti di me. Incontrollabile. La copertura di uno schermo buio fa ancora la differenza. La remora di poter dire qualcosa di troppo, di non richiesto, svanisce quando riacquisto la sicurezza di rimanere nell'anonimato visivo. È la sfrontataggine che si attenua quando lo scambio di parole è diretto. Faccia a faccia. Posso volgere lo sguardo altrove mentre pronuncio i miei discorsi, ma la determinazione degli occhi rimane l'arma più efficace della convinzione. Con un cellulare in mano, mi sento protetto da qualsiasi attacco verbale. Mi ritrovo a dialogare in vivavoce, distaccato fisicamente con quel contatto a distanza. Le parole si perdono negli spostamenti dentro una stanza. I microfoni non riescono a catturare la completezza di una verità che è solo la difesa di una personalità che cede alla emarginazione. Non si può spiegare. Sentire senza ascoltare. Un difetto della comunicazione moderna tra gli individui che ho criticato, combattuto, evitato. Adesso è la mia divagazione corrotta di un rapporto umano. Sono gli inconvenienti come questo restare isolato da uno scambio di saluto, che non nasconda il timore, una stretta di mano che ritorni ad essere un'allegoria. Questi imprevisti stati d'animo che mettono a tacere il silenzio dell'arroganza. Quanti volti scivolano da un maldestro tentativo di abbinarli ad un intercalare tipico che distingue l'individuo da una massa informe di conoscenze? Quanti il panico mi fa pensare di non potere rivedere? Quando si pongono domande, ci si accontenta di qualche plausibile risposta. Che non debba obbligatoriamente avere dei punti fermi in una cronologia di eventi, presenti e futuri. Mi accontento di poco, di solito. Risposte abbozzate. Anche prive di senso. Palesemente irrealizzabili. Risposte però. Quanto tutto questo diventa solo un'ipotesi della mia mente, senza alcun riscontro dalle persone che interpello, è un vuoto a rendere che nessuno mi rimborserà. Sono riusciti in questo, almeno con me. Annullare l'idea di un progetto futuro da ponderare anche disposto ad un totale fallimento. Sapere cosa programmare domani, non obbligato a considerare una censura d'altri tempi, che non è più soltanto ideologica. È un appiattimento mentale che non ho il coraggio di immaginarne un riscontro. A volte la libertà è solo un'illusoria prigionia del pensiero.

N... giorno + 13

Non sento più la musica da qualche giorno. Mi disturbava il sonno del pomeriggio. È il mio rimedio per bruciare le ore subito dopo pranzo. Accelerare l'arrivo della sera con lo svuotamento della mente e la sufficiente perdita della cognizione di quanto accade. Adotto questo espediente mentre un vecchio film di Totò scorre sullo schermo del computer. Qualche giorno fa è stata lanciata la moda dei concerti sui balconi. Ha preso piede subito dopo quella delle bandiere tricolori. In Italia quando assale il bisogno di sentirsi nazione, si ricollega tutto ad un fenomeno calciofilo. O ad un eroismo bellico. Non accade spesso. Di certo la paura fa la sua parte. Si ricordano anche le parole dell'inno nazionale. Se non le si ricordano, c'è un particolare uso del labiale che facilita i contatti verbali tra sordi. Quelli che sono ancora consentiti. Da un silenzio inusuale esplodevano suoni improvvisi e voci storpiate di chi sentiva il bisogno di rivendicare appartenenza. Come quando si aziona l'accensione della televisione dimenticando di averla spenta col volume troppo alto. Rumori indecifrabili colpiscono i timpani aumentando il livello di panico. Non si riesce ad intervenire subito. La confusione intorpidisce i movimenti. Le reazioni a quell'attacco sonoro sono rallentate. Non si comprende neanche la fonte di quel disturbo dai troppi, eccessivi decibel. Mi è accaduto così nei giorni scorsi. Il torpore del sonno ha enfatizzato lo sballamento iniziale. Sollevavo la testa come un automa e istintivamente mi indirizzavo verso la finestra convinto di doverla chiudere. Da qualche giorno non rivivo il trauma. Le strade si sono zittite. Vorrei poter dialogare con i vicini, anche il padrone del cane del piano di sopra. Capire dove sta il confine tra una mia paventata follia e lo sgomento della gente, non più occultabile dietro un repertorio canoro da trattoria per i turisti. Continuano a dire che il mondo non sarà come prima. Non traduco questo pensiero nella giusta consolazione o prospettiva che nascondono dietro una bella frase. Le belle frasi sono quelle che non occorre comprendere del tutto. Devono meravigliare. Spegnere il cervello per quel minimo indispensabile per avvalorare un rimanere senza parole. Mi chiedo se chi ha cantato fino a poco tempo fa, ha riversato in questo gesto naturale, spontaneo, la risposta ai propri timori. Scacciare i dubbi del vivere, che viene messo in discussione da qualcosa di intangibile che neanche la condivisione con un mondo intero può rendere più sopportabile. C'è un alibi che prevale sugli altri, che ci fa sminuire quell'imbarazzo dell'attesa. Un giorno, come è accaduto dall'inizio di questo distacco da un contatto necessario, qualcuno ci dirà di provare a tornare ad una vita normale. È il pensiero più insonne che ha conquistato il futuro della gente. Cosa sarà normalità? Che termine di paragone potremo avere se non siamo riusciti a isolare con nettezza il concetto di normalità? Sono le generazioni future che ci allarmano e inibiscono i buoni propositi. Per la prima volta, forse, ci domandiamo che mondo abbiamo offerto alle nuove generazioni. Ci chiediamo se ci sono ancora margini di recupero di uno sfascio che, prima di ogni altra divagazione, parte da quello sociale. Quello che ci ha fatto credere di potere respingere la corruzione dei rapporti sociali con un mi piace senza la necessità di doverlo scrivere. Un minimo sforzo, tra una distrazione e l'altra della nostra eterna dilazione delle priorità della vita, che non riusciamo più a classificare. Vorrei ancora che qualcuno fosse disposto a fracassarmi i timpani con le note stonate di una canzone che non ricordo più. Svegliarmi da questo letargo culturale che non mi fa più distinguere cosa sia giusto o sbagliato. Cosa sia vero o fallace. Cosa valga ancora la pena chiamare sogno e cosa lasciarsi scivolare nel passato, consolandoci con la convinzione che sia stata un'occasione persa. Vorrei che quelle assordanti intonazioni da mercato all'aperto mi costringano ad alzarmi senza pensarci troppo. Indirizzarmi verso quella finestra che l'illusione mi farebbe immaginare chiusa. Fermarmi a guardare un'ombra camminare lentamente sul balcone di fronte. La signora anziana a restituirmi un pudico sorriso, a nascondere un velo di tristezza ad un domani incerto.

N... giorno + 14

Oggi ho pensato ai bambini. Al silenzio dei bambini. Quello che ci allarma quando vestiamo i panni dei genitori e un'eccessiva quiete ci restituisce sgomento dal fondo di un corridoio. Ho sentito dei suoni tonfi in fondo alla strada. Mi sono affacciato dal balcone cercando la fonte di quel ritmo sincopato ma un altro vuoto ha sedato la mia curiosità. Non è passato molto tempo da quando un urlo infantile era soltanto un fastidio. Un rimprovero da adulto che pretende un freno ad un istinto naturale. Lo stesso che fa strillare l'infante quando si affaccia alla vita. È pretenzioso dal mondo degli adulti attendersi un innaturale atteggiamento da chi, rivendicando uno spazio in una scelta subita, quella della nascita, manifesta la sua presenza con un grido. Nessun rumore reale. Nessuna tentazione a scendere in strada, a rioccupare un ruolo in un quotidiano inibito da una confusionale lotta alla sopravvivenza. Batterei colpi sul muro, che richiamassero dal letargo i migliaia di distaccati dalla realtà, che non si riesce più a distinguere da quel copione sbagliato che mi concede improvvisazioni da attore navigato. Ma non trovo più le parole adatte per descrivere uno stato d'animo che varia troppo frequentemente nell'arco di una giornata, troppo simile alle altre. Eppure, come una prospettiva seducente che illude per un attimo un colpo di spugna a queste ultime settimane, vedo volare un pallone dietro una cancellata di ferro davanti al mio orizzonte. Non resisto, neanche questa volta. Rifaccio le scale speditamente, temendo la dissolvenza del miraggio. La fretta annulla la prudenza ed apro il portone senza gli abituali accorgimenti degli ultimi giorni. Sono per strada. Ancora una volta. Accelero il passo e svolto l'angolo cosciente di non dovere evitare incontri imprevisti. Alzo lo sguardo per scrutare oltre il passo percorso. La sfera ludica volteggia in aria in lontananza. Più mi avvicino, più le voci contornano quel monotono silenzio che si è impadronito del tempo dell'attesa. Svolto verso destra, tra i miei fedeli giardini di limoni. Le voci sono più incalzanti. Una spontanea gioia bambina frantuma quella coltre di sospetto e diffidenza che la gente non ha più voglia di nascondere. Come resistere a tornare bambini? Correre solo per il gusto di farlo. Prendere a calci un pallone, oltre la paura. Ricordo i vecchi calzettoni, uno dentro l'altro. Li riciclavo rubandoli a mia madre. Ci confezionavo sfere sgorbie da calciare in mezzo a due sedie che facevano da porta. Rimbalzi sconnessi, ovattati. Inciampavo tra gli ostacoli di casa. Ma il sorriso evaporava le lacrime. Ancora una volta. Penso ad un'infanzia che non si può dimenticare. Che percorre velocemente un pensiero che sa di ginocchia sbucciate e di canzoni da intonare a mente, per una fottuta vergogna di essere se stessi. Ancora più nitide le voci che rincorrono quel pallone. Il miraggio lascia il posto ad un'affascinante realtà. So che non ci potrò mai rinunciare, qualsiasi cosa accada. Qualsiasi restrizione cercheranno di convincermi sia necessaria. Confesso il mio reato votato alla libertà. Alla mia libertà. Disposto a subire qualsiasi condanna. D'un tratto il pallone vola oltre la cancellata. Come un'altra apparizione, continuo a sentire le voci ma non vedo chi le emette. Il pallone cade a qualche metro da me. Lo afferro. Mezzo sgonfio. Lo trattengo tra le mani, senza sapere cosa fare. S'innesca un'intesa telepatica tra il mio turbamento e l'attesa di quei calciatori autorizzati da un sottinteso diritto alla vita da bambino. Momenti incalcolabili tra pensieri condizionati dal momento. Non ho protezioni alle mani che mi distacchino dal contatto con quella sfera di gomma. Abbraccio quel pallone come un figlio perso nell'abbandono. Poi la follia prende il sopravvento. La sana follia compagna di una vita. Lancio il pallone oltre la cancellata. Mi aggrappo a quel freddo ferro che neanche la giornata primaverile riesce a riscaldare. Un'energia inaspettata detta i miei movimenti. Sono al di là dentro un altro luogo recintato che mi fa assaporare una fuga. Sono tre i ragazzi che mi accolgono stupiti. Tre gemelli dall'età a scalare. Credo di averli già in visti in altre occasioni. Non è il momento delle domande. Colpisco timidamente il pallone indirizzandolo verso i ragazzi. Come da un fermo immagine, tutto si rimette in movimento per magia. Vengo accolto come la spontaneità di un contatto umano merita sempre di essere esternata. Corro, sudo, cado. Il più piccolo riesce anche a sgambettarmi. Urla, ancora urla. Urla. Basta davvero poco per tornare a sentirsi umani.

N... giorno + 15

Oggi è morto mio padre. O forse ieri, non so. È l'inizio contraffatto di un libro di Camus. O forse no. È solo il bisogno di dare un senso letterario ad uno stato d'animo che non riesco a definire. Sono tornato in un momento indietro di otto anni. Non di più come mi sarei aspettato. Solo all'ultimo incontro. Un'ultima possibilità di contatto per consentirci di dire qualcosa. A qualcuno spettava farlo. Mia madre mi aveva lasciato qualche mese prima. Dopo ventisei anni di necessario silenzio, me l'ero trovato davanti al volto confuso di un notaio. Solite burocrazie del cazzo che la morte ci impone di dover toccare con mano, come se seppellire una madre non dovesse bastare mai a colmare un dolore che mi trascinavo da tanti. I primi anni li ho contati per restare aggrappato ad un recente passato che m'illudevo di poter cambiare ancora. Col tempo mi sono imposto di non farlo più. Oggi, o forse ieri, non so. Quegli anni si sono ricompattati come tanti fogli di carta scarabocchiata che hanno riassunto la mia vita. Otto anni fa il notaio continuava a guardarmi. Non capiva, ma continuava a guardarmi. Cercava di incrociare il mio volto abbassato a socchiudere gli occhi, mentre provavo a staccarmi dal corpo e planare sulla spiaggia adiacente, per mettere tutto a tacere. Per sempre. Ci rinunciò dopo qualche timido tentativo di coinvolgermi in una lista che mi sembrò infinita di articoli del codice che non udii sin dal primo. Mi porse un foglio di carta, non vidi altro su quella scrivania. Presi la penna per firmare e scappare via. Dietro sentivo l'alito di mio padre che mi ero trascinato negli anni cercando di dimenticarne il ricordo. Poi fu solo fuga, tralasciando le strette di mano e la dissolvenza di mia madre che sembrò fosse venuta per un ultimo saluto.

Stamattina è stato diverso, casuale. La morte, a pensarci, è sempre casuale. Non la puoi progettare, nemmeno con la mente. Ci ho provato però. Tutte le volte che ho ricollegato il dolore alla nostalgia ritornando nei luoghi che hanno scritto venti anni della mia vita. Guardavo i muri screpolati contro i quali ero cresciuto giocando a nascondino. Leggevo i nomi dei paesani deceduti cercando il suo. Mi sono indispettito più volte quando la morte si portava via il nome sconosciuto a cui riconoscevo il diritto di vivere. Cercavo il suo, con l'inquietudine di leggerlo un giorno. Qualcuno ogni tanto interrompeva questo gioco di vita e di morte. Mi fermava per strada raccontandomi momenti del passato che non ricordavo di avere mai vissuto. Oggi, o forse ieri, non so. L'attesa ha trovato il suo tempo. Una telefonata per sentirsi dentro una storia che all'ultima pagina, mi ha svuotato la mente cancellando la mano che avrebbe dovuto scriverla. La voce continuava ad intristirsi e non capiva, neanche lei, la mia fretta di stoppare una conversazione che non aveva altro da aggiungere. In questi giorni che non si ha il diritto di vivere, mi chiedo perché dovrei onorare la morte. Altri mi pongono la stessa domanda. In punta di piedi, perché il pudore vince sempre sulla voglia di pronunciare la giusta parola, che sia semplicemente di conforto. Cosa si prova? A dire addio al proprio passato con le parole degli altri? Cosa, se in un ultimo sguardo evitato otto anni prima, sapevo che quello non fosse un rinvio ad un appuntamento di due vite che non si sono mai incrociate. Perché io oggi, forse ieri, non so. Ho vissuto il miracolo di chi può morire due volte, dopo oltre trent'anni che ho chiuso una porta sapendo che non avrei fatto più ritorno.

N... giorno + 16

Adesso la data è certa. Torno a pensare di mio padre. Il virus potrebbe sparire con una ricetta miracolosa. Certi tatuaggi del passato rimangono incisi per sempre. Coprirli è solo un presuntuoso pretesto per credere di non vederli, prima ancora che mostrarli ad altri. Sì, la data è certa. C'è un gioco folle che ha molti partecipanti, forse folli. Forse solo sadici. Un gioco al quale chiunque può partecipare senza iscrizione. È custodito nell'agorà del terzo millennio, dove si incrociano le persone senza essersi mai conosciute. È quella minchia di faccia-libro che scrive le giornate di tutti. Dove ci puoi trovare i pensieri, gli stati d'animo, i litigi e gli amori che un tempo nascondevamo nei versi di un'ingenua poesia. Faccia-libro, dove scopri anche se sei ancora vivo o se non hai vissuto mai. Basta cercare la pagina col suffisso "luttini" seguito dal nome di una località geografica. Non volevo crederci quando la mia amica A. me lo ha comunicato per telefono. Mi ha detto che esiste questo giro dantesco dei funesti, quelli che dalla morte trovano spunto per esternare sentimenti di approvazione, di coinvolgimento, di dolore e di comprensione. Ci trovi l'elenco dei decessi di quella zona. Incredibile, apprendi la lista dei dipartiti con tanto di necrologi postati su questo social. La gente ci va a consultare. È metabolizzare la paura della morte. Di questi giorni, ancora di più giustificata. È su questa lista dell'orrido che hanno letto il nome e la data precisa. Bizzarra coincidenza. Il giorno di pasqua dove il credente respinge la disperazione addentando un dolce tradizionale. In questo giorno, ho scoperto di essere orfano. Ancora una volta. Non potevo restare a casa. Non oggi. La mente chiede aria da respirare a pieni polmoni. Il richiamo del mare, tornato a soffiare sul lungomare. Non ci ho pensato troppo. Di nuovo a sfiorare la salsedine che docilmente mi ha restituito il suo canto che sa di schiuma sui ciottoli levigati, che sa di forte odore salmastro che purifica il tanfo di ipocrisia e crudeltà deposto nelle narici da troppi anni. Mi sono avvicinato a chiedere al mare di catturare i miei cattivi pensieri. Portarsene via almeno una parte. Me li restituirà alla prossima mareggiata come fa con le offese che ho filmato qualche giorno fa. La sabbia era morbida. Il cervello svuotato dalla voglia di abbandono mi ha impedito di affossare.

Poi sono risalito sulla passerella e sono rimasto a guardarlo con rispetto. L'auto dei vigili urbani mi aveva adocchiato, approfittando della mia alienazione. Me la sono ritrovata ad un passo, mentre il guidatore mi si è avvicinato a marcia indietro. Come un latitante stanato e stanco di scappare, ho atteso che l'arroganza della divisa mi mostrasse di contare qualcosa. Almeno adesso che leggi di un coprifuoco a tempo pieno hanno dato un motivo per essere indossata. Domande a raffica di chi voleva dimostrarmi la competenza di un ruolo. Ho risposto col tono di chi deve confessare una colpa. Erano turbati dalle mie movenze meccaniche che rispondevano alle richieste come una resa senza condizioni. Il nome, il cognome, il luogo di nascita. E poi la data, la residenza, un numero civico. Come l'esistenza diventa un incastro burocratico di generalità da registrare. Come la morte di un uomo incollata su un muro o digitalizzata su un social. Confusi più dalle parole non dette che dalle risposte sillabate da cittadino modello. Quel perché ritrovarsi per strada a liberare la mente drogata dallo stupore della natura che non mi stanco di contemplare. Quel perché era la domanda chiave degli uomini del rispetto delle regole. Perché sentire il bisogno di infrangerle quelle regole, sfidando un giudizio o la noia di due vigili urbani a bruciare il tempo su un'auto di ordinanza seminando fumi cancerogeni in un turno di servizio a catturare untori. Perché sminuire quell'incarico dettato da un bene da spartire con la collettività. Senza un'apparente richiesta. Senza alcuna risposta che possa dare certezze. Neanche nella mente di chi pone le domande. Non so cosa abbiano letto nel mio sguardo assente. Hanno secretato i miei dati personali. Sono rimasti ad attendere che fossi io a porre la giusta richiesta. Ho rivolto l'attenzione verso quello che dei due sembrava sin dal mio blocco manifestasse la voglia di rivelare un errore giudiziario. Ricorderò questo periodo della mia vita. Lo ricorderò per sempre. Non posso dimenticare il momento in cui ho scoperto di aver perso un padre senza esserne mai stato figlio. E adesso, non ha più importanza sapere per colpa di chi.

N... giorno + 17

Luis Sepúlveda è morto. Comincio a notare troppo spesso il passaggio della morte. Non ne avverto la paura, temo di più l'assenza. Le persone che conosco e che non potrei rincontrare più quando la quarantena dovesse finire. Non considero neanche che possa essere un pensiero che gli altri potrebbero fare su di me. Sarei in una posizione passiva e questo, in queste situazioni, è un privilegio. Hanno detto che Sepúlveda sia morto con il virus. Sono convinto che lo avrebbero detto lo stesso se la causa fosse stata diversa. È il certificato di dipartita sottoscritto da tutti. Non comprendo se sia effettivamente una voglia di trasmettere panico o se, piuttosto, è un tentativo riuscito di non essere controcorrente. È la scelta più comoda. Accodarsi alle versioni ufficiali e annullare dalla mente congetture che etichettano un complottismo. Non vorrei pensare a questo. Non vorrei rimanere imbottigliato in una contesa ideologica che so non servirà a nessuno. Ma è come metabolizzare l'infrangersi di un sogno. Mi immergevo nelle sue parole per vestirmi delle sue storie. Acquistavo scritti in lingua originale per entrare nella sua mente di scrittore. Vestire gli attimi dell'ispirazione, della scelta delle parole. I nomi dei personaggi, le trame, le sofferenze alleggerite da una narrativa onirica che scioglieva il dolore per ricomporlo in suadente poesia. I libri sono l'ultima porta da spalancare dalla fuga di un esilio. Che non è quello reale che vivo dentro casa in questi giorni. È l'alienazione da un mondo nel quale non riesco a farmi accogliere. Non so se avrei sopportato le ingiurie subite dallo scrittore. Le offese verbali che ricamano il corpo in modo indelebile. Te le trascini in quell'angolo del cervello che si riapre quando meno te l'aspetti. Per tutta la vita. Ognuno ha il proprio archivio segreto di storie da dimenticare. Uno scrittore le centellina nei libri, nascondendole nelle favole. No, non so se sarei sopravvissuto alle umiliazioni. L'ho più vissuto come un principio da difendere nel tempo, che come una condizione da essere necessariamente custodita. Perché è una parte di me. Un'esclusiva personale che ho provato a riconoscere anche nei libri di Sepúlveda. Non ricordo i titoli. I nomi dei personaggi. Li ho rimossi un attimo dopo avere appreso che fosse morto. Comprendo l'abbaglio letterario del giornalista che gli ha attribuito Cent'anni di solitudine, nel pezzo che intendeva comunicarne la morte. Ricordo l'uomo, travestito da scrittore, che mi ha consegnato le pagine dove trovare un rifugio più nobile di questa casa che mi tiene prigioniero. Resteranno le parole scritte, quelle che nessuno potrà mai cancellare. Non mi basta. È la consolazione di un riassunto di una vita catturata dalla pandemia. Dovere di cronaca da archiviare per lasciare spazio ad un nuovo argomento che consenta di attirare l'attenzione di qualche migliaia di spettatori annoiati dall'informazione. Non c'è un diritto alla vita che valga più di un altro. Indosserei i panni di un dio qualunque, con il potere di dare e togliere la vita. Sarebbe come animare i suoi personaggi. Vederli prendere vita per colmare il vuoto della mia solitudine, oltre che della stanza che racchiude a tempo indeterminato pensieri che dovrebbero distrarmi, ma che tornano ad essere cruda realtà ogni volta che ho richiuso un libro. Voglio consolarmi e giustificare la sua morte con l'opportunità, non da poco, di potere vedere la rinascita. Questa mistica descrizione di porte che si riaprono, di contatti umani che si ristabiliscono, di nuova brezza di mare ad accarezzarci la speranza rinnovata. Non credo ad una consapevolezza acquisita dall'esperienza della paura di scomparire per sempre per mano di un'entità invisibile, velata da una divagazione scientifica. Non le riconosco la capacità di restituire alla gente l'essenza umana che, dubito si possa materializzare se non c'è mai stata prima. Non credo, non meno di un'improbabile fantasia che ha formato le personalità dei suoi personaggi come se fossero turbamenti, illusioni, delusioni che non gli appartenessero. Scrivere è consegnare alla carta l'anima graffiata dall'arroganza e da tante lacrime soffocate a nutrire la forza di un domani, che altri hanno spacciato per rassegnazione. Sepúlveda ha abbandonato la mia presunzione di lettore esclusivo. Mi ha lasciato l'esortazione a reagire da solo. Ha scritto l'ultimo capitolo lasciandomi il compito di continuare la sua missione narrativa. Non ne sono degno, ma per un attimo voglio illudermi del contrario.

N... giorno + 18

La gente non cambierà. Continuano a ripetercelo come unica condizione possibile per tornare alla normalità. Ci hanno costruito intorno un muro invalicabile, sorretto da uno stile di vita andato. Tavole di legno all'aperto. Pomodori lasciati ad essiccare. Greggi di pecore a sollevare terra da coltivare. Uomini anziani seduti attorno ad una bottiglia di vino rosso. Sorseggiano e si scambiano battute. Segni di virilità e parole sconce, ingenue come le mani callose che stringono i bicchieri. Un calesse mi copre la visuale. È tirato da un cavallo nero, sulla testa sfoggia un pennacchio variopinto lusingato dal vento. Una delle tante immagini che osservavo da bambino sulle sponde lignee dei carretti. Li ho riviste anni dopo ad ornare locali tipici dove aggregare folclore. Aspetto che il cavallo pieghi la testa per scorgere giovani dalla barba incolta che masticano un pezzo di primosale, accompagnato da pane scuro di tumminia. Dialogano mentre i palati assaporano la tradizione. Non incrociano mai lo sguardo, estasiati dalla terra tornata selvaggia e senza confine. Distese di uliveti, mandorli e nespoli che identificano un territorio. Se non fosse vero, sembrerebbe un quadro di Guccione. Ma forse non è vero. La mente crea quello che la nostalgia pretende di tornare a vedere. Appoggerei la testa su un tronco d'ulivo, disteso a terra masticando fili d'erba. Altre immagini scorrono nella lentezza di uno stile di vita che non tornerà più. Si rincorrono sentimenti che non si sono mai provati. Sentiamo la mancanza verso il gusto della vita che non abbiamo mai assaporato realmente. È la paura che domina i pensieri, ma la paura succhia linfa vitale dall'ignoranza. Passivi davanti a indottrinamenti che non sappiamo contrastare. Il popolo non deve prendere coscienza di poter pensare. Mai. Tutto è vero e tutto è falso. Sono più reali le mie scene rubate ad un passato che neanche mi appartiene. L'ho ereditato dai vecchi, seduti su vecchie barche screpolate. Quei racconti mi hanno farcito il presente con giorni che avremmo dovuto custodire. Cullare nei sogni per restituirli alla realtà. Le generazioni si susseguono e si scagliano le colpe della perdita di una strada considerata giusta, proprio perché persa. Non so trovare l'inizio di uno sfaldamento che ha contribuito ad erigere il muro che separa l'umiltà dall'arroganza. Provo a scavare nelle mie reminiscenze scolastiche, collezionate dai libri didattici che mi hanno consegnato una sequenza interminabile di eventi. Seleziono particolari che la gola profonda di un ricordo riesce a ricomporre. Eppure ci deve essere stato un momento, un avvenimento scatenante, per assurdo un valido motivo che abbia scatenato la follia dell'autodistruzione. Da dove partire per ricompattare i tasselli? Per comprendere dove potermi collocare tra tante cellule impazzite sparse in un territorio globale non più così capiente? Questa quarantena ha scosso le coscienze, risvegliando l'antico dilemma del giusto e dello sbagliato che c'è in ognuno di noi sin dalla nascita. Non sono in grado di percepire una netta distinzione tra questi due elementi influenti nelle mie scelte. Osservare migliaia di persone con le quali condivido un coriandolo di mondo disorienta le mie idee, che ho rafforzato negli anni personificando la validità sulla quale basare le successive mosse. Ma io scendo per strada a scambiarle con gli altri, anche adesso non posso rinunciare ad analizzare le sentenze sulle regole di vita sociale che mi arrivano dai personaggi che si danno il cambio ogni giorno da ventisei pollici di verità, illuminate dai cristalli liquidi, che sento il bisogno di mettere in discussione. Temo la passività di troppe persone che accettano le direttive impartite aspettando il momento quando qualcuno ci restituirà l'autorizzazione ad aprire i lucchetti della logica personale. Non accadrà mai. Ci hanno insegnato un unico modo per vivere su questa terra. Senza alternative. Non riusciremmo a rimodulare decenni già vissuti in un'ottica che impari dal passato. Quel passato, rimpianto e speculato per evidenziare gli errori del presente, è proprio il big ben della schizofrenia dell'umanità. Quella che chiede risposte a chi ci ha imposto delle scelte che abbiamo sempre assecondato. No, la gente non cambierà.

N… giorno + 19

Ha ripreso a piovere. Dopo giorni di caldo intenso le nuvole hanno invaso l'orizzonte e si sono specchiate sulle pozzanghere del balcone. Il tempo gioca con la mia pazienza. L'alternarsi del bel tempo con le code dei mesi invernali mi riporta a qualche mese fa, come a volermi fare resettare queste interminabili settimane di quarantena. Qualcuno per gioco ha scritto su un social che salterebbe direttamente al 2021. Qualcun altro che cancellerebbe il 2020 per ritrovarsi a rivivere il 2019. Non so a quale delle due speranze convenga aggrapparsi. Un salto in avanti nel futuro non dà alcuna garanzia su quello che realmente potrei vivere. Se davvero potrei avere il vantaggio di ritrovarmi in una situazione superata e priva di sorprese, perché tutti continuano ad avere ragione e tutti torto. Annullare il 2020 appare come un'ipocrisia. Questa scelta sembra nascondere l'idea che, con l'esperienza vissuta in questi mesi, potremmo affrontare l'invasione del virus nella giusta maniera. Qual è la giusta maniera? Abbiamo vissuto decenni pensando che lo fosse. Anche quando ci siamo accorti che qualche modifica andava apportata alla nostra condotta, che forse eravamo su una strada sbagliata e difficile da revocare, abbiamo seguitato a seguire la nostra personale idea dell'operato corretto da mettere in pratica, ogni qualvolta la natura ci ha dato segnali evidenti di richiesta di aiuto. Preferisco rivolgermi ad un'essenza come quella che racchiude la parola natura. Sono stanco di immagini che ci debbano richiamare al mistico, come se l'essere umano abbia esclusivamente bisogno di soddisfare le lacune esistenziali che giustifichino quelle che, opportunisticamente, i detentori del verbo traducono in penitenze da dovere scontare per ambire ad una vita di tranquillità e di serenità. Non sono nato per l'estrema unzione che netta con un colpo ben assestato di spugna una vita intera di cazzate e di sofferenze protratte ai danni degli altri come se non si dovesse mai avere un punto fermo davanti a sé, dal quale uscirne processati e condannati su questa cazzo di terra che, fino a prova contraria, è l'unica sulla quale prendiamo contatto con quanto ci accade intorno, con le conseguenze delle nostre scelte, con gli odi e i rancori che siamo riusciti a seminare nel corso di una vita, distratti da un'eccessiva pienezza di noi stessi. Voglio andare la patibolo mentre sarò ancora in vita, senza attendere un probabile giudizio post mortem che ci ha messo tutti nella condizione di fottercene degli effetti del nostro agire, certi che qualcuno alla fine ci renderà lieve il trapasso, purificato dai sensi di colpa e dalle richieste di scusa mai pronunciate. Mi sono isolato dal piccolo mondo del mio quartiere. È bastato coprire le orecchie con gli auricolari e lasciare che la musica salisse di tono, così a sufficienza da coprire il mio stato d'animo. Noi e loro, cantano i Pink Floyd. Due pronomi che racchiudono lo stile di vita che si conduce per anni, decenni, ogni singolo minuto della nostra esistenza. Un distacco sociale che solo una pandemia ha ufficializzato per un istinto di salvaguardia della specie. Noi e loro. Che vale lo stesso se diciamo io e tu. Perché noi sarebbe già un accenno ad un sentimento più nobile che rimane soffocato dalle citazioni dei personaggi storici, che hanno provato a farcelo notare con la loro poesia, ma che abbiamo impunemente utilizzato per un soffio di coscienza da pulire, quando il peso del nostro rimorso è tornato a rosicchiare la consuetudine di eventi che si sarebbero ripetuti all'infinito, provenienti dal passato e pronti ad essere tramandati nel futuro. Perché anche la bella frase che osservo dalla finestra, dipinta dalla mano innocente di un bambino che ha ancora diritto ad illudersi, quella affascinante frase che neanche i nostri distributori di informazione dalle televisioni hanno più voglia di mostrare. Andrà tutto bene. Verbo coniugato al futuro. Si può giustificare questa forma grammaticale ammettendo che niente è mai andato bene. Pretenzioso adesso utilizzare un verbo al futuro come se fosse un ritorno al passato. Dietro quel passato c'è l'essenza della mia sconfitta. Altri dovrebbero avere il coraggio di ammettere questa considerazione. Riporre nei figli, ancora una volta, la speranza di un domani migliore non muta lo stato delle cose. È un'altra fottuta delega alle generazioni future di attivarsi per porre rimedio ai nostri errori. Tutto ciò che tocchiamo. Tutto ciò che osserviamo. Tutto ciò che gustiamo. Tutto ciò che proviamo. Tutto ciò che amiamo. Tutto ciò che odiamo. Tutto ciò che distruggiamo. Tutto ciò che salviamo. Tutto questo avviene sotto la luce abbagliante del sole. Ma noi stiamo oscurando il sole, convinti di poterlo fare per sempre.

N… giorno + 20

Dovremmo chiederci il perché qualcuno ci ringrazia mentre ci invia soccorso logistico in medici e personale sanitario. Dovremmo chiedercelo specialmente quando la nazione generosa è l'Albania. La domanda, se dovesse essere interpretata come accusatoria, la dovremmo porre a noi italiani che riceviamo questa riconoscenza. Penso ad alta voce, da solo. Commento le sentenze esaltanti ad un'umanità che sa essere umana. Le raccatto dai programmi televisivi, che continuano in sottofondo a scrivere la colonna sonora della chiusura mentale, oltre che a quella domestica. A cosa si riferiva il premier albanese, Edi Rama, quando commosso ha annunciato l'invio in Italia di trenta tra medici e infermieri, per ricambiare l'amicizia e l'accoglienza che l'Italia riservò all'Albania negli anni Novanta dello scorso secolo? Un filmato riproposto fino alla nausea che deve nascondere qualcosa che molti non capiremo. Questo è un periodo di particolare vulnerabilità. Siamo muri sui quali affiggere i propositi delle belle intenzioni. Un giorno, forse, altri volan-

tini inneggianti ad una nuova ed improvvisa incomben-
za coprirà nell'oblio un'accozzaglia di belle parole da dimenticare. Guardo più volte quest'uomo commosso e
vorrei leggergli i reali pensieri. Quelli che ritornerà a
sentire suoi dopo la registrazione di quella breve testi-
monianza che ha l'obbligo di donare solidarietà. Un piatto ben condito di questi tempi sul quale siamo liberi di
intingere il nostro pane quotidiano. Molti di noi l'hanno
vissuta quell'amicizia, quell'accoglienza, quello scontro
culturale. Quella che allora fu considerata un'invasione
etnica, come nel nostro presente è considerata quella
che negli ultimi anni proviene dall'Africa. Qualcuno se lo
ricorda lo scontro a fuoco al porto di Brindisi una mattina di fine marzo 1997, tra i marò del battaglione San
Marco e un peschereccio di qualche centinaia di albanesi. Quando il sottosegretario agli Interni, Giannicola Si-
nisi spiegò che sulle nostre coste non stessero arrivando
più profughi, gente spaventata, ma uomini e donne che
venivano da zone dove la rivolta non era neppure arriva-
ta. Gente in cerca di una vita migliore, un lavoro più red-
ditizio. In poche parole, immigrati. Non molti di noi ricorderanno cosa stessero facendo in quel momento.
Non molti ricorderanno quel pezzo di storia depositato
da qualche decennio nel dimenticatoio di un'enciclope-
dia digitale che non è obbligatorio consultare. Non lo ri-

cordo neanch'io. E questo basta per farmi sentire più sporco delle mani che si stanno consumando per le troppe lavate di sicurezza. Erano gli anni in cui sembrava che tutte le vicende in Italia legata alla gestione del malaffare tra prostituzione, spaccio, estorsione passasse tra le mani degli albanesi. Ci fu pure un periodo che essere albanese voleva dire anche essere stupratore, ladro, ubriacone, se si giudicava un uomo. Adescatrici, badanti in cerca di anziani da circuire e sposare in cambio di una pensione di reversibilità. O più direttamente delle prostitute, se fosse stata una donna quella da mettere sul patibolo. Molte erano bellissime, ma indelicate fragili donne sognatrici di un domani soltanto normale. Già, ma a quale normalità ritorneremo tutti? La nostra è qualcosa di diverso. Solo chi ha toccato il fango che non merita neanche uno sputo per essere ravvivato ad un prodigio mistico. Solo chi si è fermato a parlare con queste donne di un oriente meno fascinoso e favoloso. Solo chi ha avuto il coraggio di specchiarsi sugli occhi celesti più di un sogno infranto, avrà diritto ad immaginare i deliri notturni di queste donne. Qualcun altro si ricorderà lo schieramento massiccio delle nostre forze armate lungo le coste pugliesi a respingere quello che all'epoca fu definito un esodo senza controllo. Si ricorderà la nave Vlora, quell'estate del 1991 che giunse sulle coste italiane con il suo carico di ventimila albanesi in fuga. Quest'ultimo ricordo non dimostrò un valido motivo di generosità umana e di accoglienza per il quale pronunciare un grazie. Quell'estate lo stesso quotidiano Avvenire denunciò la latitanza della politica italiana davanti alla tragedia di un popolo. Quando è iniziata davvero la pandemia? Certo negli anni a venire gli accordi bilaterali tra le due nazioni segnò l'inizio di una risoluzione politica. Vado a rispolverare ricordi confusi ed imprecisi. Trovo un quotidiano che mi racconta di un viaggio diplomatico di quasi trenta anni fa. Il 24 agosto del 1991 una delegazione italiana, guidata dall'allora Ministro dell'Interno Vincenzo Scotti, si reca a Tirana e conclude con le Autorità albanesi un'intesa: *Accordo di cooperazione tra il Ministro dell'Interno della Repubblica Italiana e il Ministro dell'Ordine Pubblico della Repubblica di Albania per la lotta contro il traffico illecito di sostanze stupefacenti e psicotrope e contro la criminalità organizzata.* Penso a quello che si stava vivendo in Italia in quegli anni, specialmente se si parla di criminalità organizzata che nel nostro Paese vuol dire mafie, se si pensa alle vicende che già dal 1992 hanno segnato la storia italiana per sempre, con gli attentati di Capaci e di via D'Amelio, assume un significato ambiguo pensare alle motivazioni che avevano condotto le due nazioni a trovare un accordo. Quando è iniziata davvero la pande-

mia? Me lo ripeto ancora, illudendomi che ci sia una risposta. Continuo a leggere i giornali, ormai sparpagliati
sul pavimento a confondere la cronologia della storia e
scopro che, da quel primo incontro ne sono seguiti altri.
Molti di natura prettamente economica. Molti impren-
ditori italiani hanno trovato l'Eldorado in Albania, specialmente in campo edilizio. Un'invasione, stavolta al
contrario che oggi è diventata oggetto di studio per la
speculazione edilizia che città come Durazzo devono far
fronte e che, nei frequenti terremoti che si verificano in
Albania, terra a grosso rischio sismico, ha manifestato la
fragilità di un territorio, invaso dal cemento. Un problema emerso anche di recente, mi rammenta un articolo
di qualche mese fa. Il terremoto verificatosi il 26 novembre 2019 quando a Durazzo intere palazzine si sbriciola-
rono, tra queste anche due hotel. Sono passati trent'anni
da quei contatti diplomatici e presumiamo che certi
messaggi di fratellanza e di scambi culturali, e di tutto
quello che occorre per restituire un'immagine artefatta
ma che suscita emozione, proprio in un momento di
confusione come quello che stiamo vivendo, abbiano
sfruttato l'assoluta conoscenza storica delle nuove generazioni e delle evidenti amnesie di quelle vecchie. Ma di
tutto questo non è pertinente parlare. Non in questo
momento. La pandemia che incute la giusta paura per

dimenticare un recente passato sta svolgendo il suo lavoro nel migliore dei modi. Non è necessario ambire ad una verità.

N… giorno + 21

A un passo da un contatto umano. Temerario o soltanto il passaggio diretto alla Fase Tre. La Fase Uno l'hanno identificata e quasi archiviata come il momento del contagio. La sorpresa, la paura, il sospetto. La Due ci apprestiamo ad affrontarla con uno sguardo sempre più a fuoco su quello che pensiamo potremmo tornare a fare. Ognuno di noi se lo programma personalmente e non è scontato debba coincidere con quello degli altri. La Tre è quella che ho già messo in pratica per cancellare in un gesto questa ibernazione ad occhi aperti. Ho visto persone isolate lanciare una lenza a mare, come se questa prova generale all'estinzione non bastasse. Isolate forse lo erano da sempre. Scelte di vita che si ponderano col tempo. Poi diventa abitudine. A volte necessità. Sarei tentato anch'io a sfidare le onde in scaduta del mare. Resisto perché una non ben motivata ritrosia e un graffiante senso di colpa mi inducono a rinviare la sfida. Mi avvio sulla strada che mi separa dal pescivendolo. L'istinto di conservazione prevale sul freno inibitorio dell'animalista improvvisato, pronto a smentirsi e a contraddirsi alla prima occasione. La giornata è una delle migliori, sotto l'aspetto meteorologico. Il verdognolo che si mischia all'azzurro della parte centrale per poi glissare su un grigio di tempesta a riposo, chiude la cromia con il bianco della schiuma del mare che riesce ancora ad infrangersi sotto la murata che delimita il lungomare. Cammino accostandomi il più possibile al parapetto di protezione. Sono passi ritmati, quelli ai quali ho dato il tempo della battuta ad ogni uscita quotidiana, abitudine che mi sono imposto da anni per isolarmi dal resto della città, rimanendo all'aria aperta. Raggiungo la destinazione e mi rendo subito conto che dovrò aspettare. Qualche cliente ha anticipato le mie scelte e mi precede all'interno del locale. Qualcun altro sta appena fuori, a debita distanza. Atteggiamento guardingo e allestimento da anti-contagio addestrato e indottrinato. Immancabile mascherina e guanti alle mani. Le piccole rivendite del pesce sono come i saloni dei barbieri. Lo scambio di confidenze è degno del migliore pettegolezzo che i clienti abituali si aspettano di trovare e che, senza sorprese, troveranno. I gestori che distribuiscono segreti di paese mentre puliscono il pesce ordinato. Il discorso non divaga dal monotema che monopolizza i discorsi occasionali che si possono ascoltare negli estemporanei incontri, ancora molto rari. Quelli che mi è capitato di ascoltare tra le trombe delle scale o davanti agli ingressi delle case. Confinati a piede libero che dialogano con segregati al balcone. La testa alzata che rende più ridicolo il profilo disegnato dalle mascherine. Anche in questa attesa frasi fatte animano gli scambi di opinione. Sono dei monologhi che si alternano senza una vera logica. Ognuno segue un suo ragionamento sorretto da considerazioni personali che non si hanno intenzione di farsi condizionare. Anche la politica fa la sua parte. Il richiamo irresistibile del portavoce dei destini umani, scelti per un'immagine venduta meglio di un'altra, barattata con un credito di fiducia che non reclama un invito al dubbio. Aggrappati a certezze che altri hanno saputo edificare con la dialettica. La più fantasiosa quella della politica, che riesce con slogan azzeccati e coloriti ad affascinare i tanti ulissi imprudenti, disposti ad ascoltare i canti della propaganda senza tappi alle orecchie. Qualcuno inneggia le gesta di un politico locale. Uno di quelli che sanno come mettersi nella bocca degli opinionisti, casse di risonanza di personalità ammaliatrici. Si guarda intorno, roteando le pupille quasi occultate dalla mascherina invadente. Non riceve molti consensi. Non è periodo storico per esternare apertamente un ideale. C'è spossatezza mentale che svuota la voglia di replica. Neanche se fosse un sostegno o un'approvazione alle parole ascoltate. Mancano gli stimoli giusti, sfiancati da troppo nozionismo assorbito nelle giornate di reclusione domestica. Un altro cliente accenna ad una richiesta di informazioni. Con pudore, la voce strozzata e ovattata dalla protezione boccale. Afferro qualche parola sconnessa, distratto dall'ispezione del banco espositivo. Parla di soldi, utilizzando l'espressione più materiale che improvvisa una traduzione dalla parola rubata al dialetto. Lo hanno detto in tv. La scatola magica che sputa speranze e verità auspicate. Il presidente del consiglio lo ha detto a chiare lettere che saranno stanziati milioni di euro per la gente che ha bisogno. Curioso quell'istinto all'autodeterminazione che induce gli spettatori a riconoscersi in una specifica casta sociale che trasformerà una promessa in beneficio. Seguono concetti confusi che non riescono a rimanere in equilibrio in una esposizione barcollante di informazioni reinterpretate a proprio uso e consumo. I primi a goderne saranno i rumeni. La sentenza arriva dal fondo del locale. Non focalizzo la visione per identificare la fonte. Non ho alcun interesse a farlo. Elaboro il verdetto col giusto sarcasmo di chi ha solo voglia di strappare un sorriso dalla propria apatia. Sì, come al solito i soldi li danno agli extracomunitari. Gli italiani non esistono. La voce dal fondo incalza, insoddisfatta della scarsa reazione dopo il primo epitaffio. Accenno ad un ghigno beffardo, conseguenza dello svarione geografico che ha rispedito i rumeni oltre i confini europei. Quelli se li spartiscono e poi vanno a fare la fila per chiedere la spesa solidale. Già, la spesa solidale. Quella che ogni tanto si improvvisa per identificarsi nella solidarietà umana. Il silenzio domina questo monologo. Il detentore della favella prende coraggio ed elabora una nuova considerazione. Spero che tutta questa sofferenza e questa paura possano risvegliare i veri sentimenti nelle persone, spero che la solidarietà e il rispetto tornino ad essere gli affetti nei rapporti umani. Sono le sue parole appassionate, addirittura enfatizzate. Penso che chi le pronuncia è lo stesso individuo che ha esternato il suo affetto razzista verso i rumeni. Penso che viviamo in tempi dove due pensieri opposti possano coesistere nello stesso discorso. Ci sarà una spiegazione sociale in questa evidente contraddizione. Non dedico molto tempo a trovare un senso compiuto a questa regola dell'ideologia dei nostri tempi. Razzismo e speranza. Un unico oratore a cercare consensi. A proposito di speranza, trovo la serranda dell'anziana signora sollevata di una ventina di centimetri. Un segnale positivo per chiudere la giornata.

N… giorno + 22

Qualcuno ha trovato il tempo per uccidere una ragazza. È successo a fine marzo, come un cazzo di scherzo dell'assurdo da anticipare in mezzo a tutto questo casino. Non lontano dalla mia prigione. Abitavano insieme. Lei bellissima studiava medicina. Lui bravissimo ragazzo, come le cronache registrano sempre quando c'è di mezzo un assassino vigliacco e una vittima innocente del capriccio della stoltezza umana. Si usa la parola follia in questi casi, quasi a voler rendere meno crudele il gesto. C'è sempre chi prova a trovare un valido motivo per giustificarlo. L'essere umano vive un'intera vita a contatto con la morte. Quando un parente, un amico o più semplicemente un conoscente va via. Si cercano le parole, quelle più adatte a rendere tutto più giustificabile. Non si può accettare un assassinio allo stesso modo. Vorrei trovarmelo di fronte e fissarlo negli occhi. Cercare da quello sguardo le risposte a domande che non gli porrei neppure. Certi messaggi sono scritti nei volti delle persone, spetta a noi leggerli nel verso giusto. Si tende sempre a cercare un motivo del perché delle cose, dei gesti, delle aberrazioni delle azioni. Hanno utilizzato lo stress da paura del virus come alibi per alleggerire le coscienze. Basterebbe chiamare gli omicidi con il nome corretto, l'unico che meritano di portarsi sulle spalle per il resto della vita. Un inspiegabile oscurantismo da antica cultura maschilista condiziona le reazioni. La vita si annulla come un effetto collaterale di una scelta di coppia edificata su sogni troppo grandi per esserne degni. A certi orrori, come sempre, ci si abitua facilmente. Uno scudo culturale che crea assuefazione a troppe cose da pensare nello stesso momento. Non siamo in grado di gestire neanche il nostro modesto quotidiano per pensare di andare oltre le nostre mura di casa e riuscire a vedere quello che le parole non sanno trasformare in segnali di disagio. Basterebbe mettersi nei panni delle mani di una madre che non accarezzerà più la testa di una figlia. Affondare le dita tra i capelli lasciati ad asciugare al sole, commuoversi per ogni singola insignificante parola di entusiasmo che una giovane donna non riesce a contenere, quando l'unico pensiero che le spetta coltivare è quello di cercare fino allo sfinimento un giusto motivo per sorridere alla vita. È questa considerazione, questo sogno soffocato dall'egoismo di un carnefice che non si potrà mai dimenticare. Non basterà una vita intera, l'idea mistica di un giorno di riabbraccio che un credo coltivato nella consolazione ha segnato a tempo su un personale calendario dove cominciare a depennare le notti della disperazione. Il buio è il peggiore nemico della rassegnazione. Rimanere ad attendere quell'appuntamento con la rinascita dentro casa a fingere di assecondare una quarantena necessaria per la salvaguardia della specie, non addolcisce un dolore che lacera il vuoto che diventa baratro quando il sole chiude le imposte ad altre ore di attesa di una voce che ripete il richiamo di una madre che non avrà risposte. Zittitevi ipocriti detentori di insensibili sentenze di assoluzione. Ricacciate in gola qualsiasi tentativo di consegnarmi un giudizio diverso da quello che la mia mente istintivamente ha già esternato senza attendere inutili appelli. Vestitevi da madri, padri, sorelle, fratelli costretti a riconoscere gli occhi serrati alla pietà urlando il silenzio della sconfitta. Perché l'arroganza che si fa violenza gratuita, ingiustificata, immotivata vince in questo cazzo di mondo che abbiamo contribuito a manipolare con l'indifferenza e l'abitudine passiva all'orrore. In questi giorni che un solo passo senza alibi ci fa sentire latitanti in attesa di cattura, con un senso di colpa che non sappiamo descrivere. In questi giorni che chiediamo al nostro senso civile dove finisce il rispetto delle regole ed inizia la perdita della libertà. In questi giorni che esploro le mie insicurezze dal di dentro, sono costretto ad accettare che l'omicidio di una ragazza di ventisette anni si confonda in un dato statistico giornaliero sulle vittime di un virus. Condiviso da tutti perché la paura di morire colpisce tutti, senza distinzione, anche quelli che si inginocchiano, cantano, piangono e pregano per una ricompensa ad una vita terrena da credenti. Sono disposto a dimenticare giornate da prigioniero dei miei pensieri, ma stasera voglio andare a dormire col tuo volto a tenermi sveglio tutta la notte ed il tuo nome a veleggiare per la stanza buia a chiedermi il sacrificio di non dimenticarlo. Non lo farò Lorena. È l'unica promessa che so che manterrò.

N... giorno + 23

Torneremo in strada, non so quando. Mi fido delle dicerie da falsa comunicazione che strappo al sonoro in sottofondo della televisione. Anche il balcone di fronte mi lancia un segnale di variazione di una monotonia che non ambisco neanche più a controbattere. Per la prima volta, da tanti giorni, una serranda sollevata mi ha sconvolto il mattino. Sono rimasto bloccato col braccio a reggere la tazzina del caffè a sfiorare le labbra. Avrei voluto essere presente quando la mano nascosta ha riavvolto quella chiusura ai contatti. La interpreto come reazione, sostenuta da una stanchezza a subire passivamente direttive che non si comprendono. L'artefice di quel gesto rivoluzionario ha risposto con un gesto ai nuovi annunci che parlano di ritorno graduale alle abitudini di sempre. Rimango a guardare quel finestrone liberato da quel velo di plastica, mentre sorseggio il caffè raffreddato dalla sorpresa. La mente mi riporta a qualche settimana fa, quando il governo ha emanato il messaggio alla nazione che dava il via ad una quarantena che sarebbe dovuta durare quindici giorni. Dopo il sedicesimo non li ho contati più. Non riesco neanche a spostare il pensiero in avanti verso il giorno della ripresa ponderata. 4 maggio, inizio della seconda Fase. Suona come qualcosa di già scritto. Come un libro finito che aspetta solo di essere letto dalla prima all'ultima pagina. Dato alle stampe la trama non la si può più cambiare. Occorre la pazienza dell'appassionato delle storie scritte per inabissarsi nella narrazione e farsi trascinare negli sviluppi creati dall'autore. L'ultima parola letta svelerà il messaggio che abbiamo inseguito per un tempo indefinito. Dopo forse non avrà neanche importanza scoprire che la nostra ultima emozione possa essere distante da quella dello scrittore. Questa situazione è diversa. Ingestibile nell'altalenarsi di una traccia che non riesco a sviluppare. Senza indizi, suggerimenti, logiche conseguenze per qualsiasi congettura che la mente liberamente continua a costruire. Tocco una probabile verità che i miei limiti di analisi riescono ad estrarre dalle ipotesi. Seguo un filo logico perché non posso accettare che mi si consegni l'unico punto di vista al quale milioni di persone debbano adeguarsi. Senza il beneficio del dubbio, quello legittimo che un essere umano pensante deve potere utilizzare sempre per dimostrare a se stesso, prima che agli altri, la capacità di un libero arbitrio sulle decisioni che solo apparentemente sembrano libere. Sto perdendo questa sicurezza, che non è mai stata sicurezza. Sono consapevole della necessaria illusione che aiuta a non sentirsi un burattino senza fili. Era comodo, prima che iniziasse tutto questo, potere contare almeno su questo. È la riserva di energie mentali che aiutano a coltivare una speranza di autonomia, di padronanza della propria vita. Di libertà a collezionare errori con le proprie mani. Era utile crederlo, viverlo anche per il piacere di ingannare me stesso. Questo virus ha sgretolato l'utopia che sostiene il passo successivo di un avanzamento incerto, ma continuo. Mi ha tolto questa metafora difensiva, senza darmi niente in cambio. Ma continuano a dire che torneremo ad essere padroni delle nostre vite, come a volerci far credere che lo fossimo stati mai. Lo ripetono con discorsi incespicati in un eccessivo atteggiamento che deve convincere lo spettatore. Lo deve tranquillizzare, lo deve rassicurare che la sua delega alle decisioni importanti, quelle che segnano la vita, sono ancora in buone mani. Voglio continuare ad interpretare la parte del folle. Quello che non si adegua mai alla massa. Il complottista che continuerà a chiedersi per sempre chi ha voluto che un microscopico incubo si sia impadronito delle nostre paure. Neanche davanti alle più indiscutibili evidenze. Voglio continuare ad essere il giudice che sentenzia senza appello. Quello che ha appoggiato la propria esistenza sulla certezza che niente possa accadere casualmente. Come i primi giorni, quando tutto è sembrato un gioco al quale partecipare senza troppi rischi. Una veloce attesa di una breve condanna che poteva essere vissuta come educativa. Un piccolo sacrificio per fermare una minaccia che non ci era stata neanche presentata. Già allora uscivo di nascosto dalla mia cella domestica e percorrevo sentieri poco battuti. Incontravo la gente già terrorizzata dalle dicerie dell'untore che assaporavo come una meditata propaganda. Le persone si scostavano da qualsiasi improbabile contatto, come se ne potessimo fare a meno. Clandestine anch'esse, indossavano le primordiali mascherine di protezione, guardandomi con sospetto per il mio volto scoperto. Le sentivo complici, più di quanto loro ostentassero innocenza. Addirittura responsabilità e senso civico. Autorizzati a giudicare e condannare anch'esse senza appello. Io unico imputato per un reato coniato sul momento. Oltraggio alla salvaguardia della specie. Senza alibi. Reo confesso nel silenzio.

N... giorno + 24

Chi sarò quando tutto questo sarà finito? Chi sarò domani? E il giorno dopo e tutto il tempo che avrò modo di raccontare le storie raccolte nel mio passato e quelle che non so più ascoltare. Comunichiamo a distanza come non lo abbiamo fatto mai, come non lo abbiamo mai desiderato fare. Scriviamo messaggi attraverso moderni mezzi di comunicazione e attendiamo risposte che spesso non arrivano. Non riesco a farmi capire. Ottengo repliche indispettite che trapelano il nervosismo del disagio. Il panico del cervello che non riesce a tradurre le parole scritte in esternazioni emotive. Mi chiedo se non sia io a disamorare l'arte della comunicazione che delle stupide faccine non saprebbero mai rendere più comprensibile. Uso il sarcasmo che vorrebbe sdrammatizzare. Ricevo in cambio una stizza mal celata. Non bastano più le parole di ripresa rassicuranti. Qualcuno ha già trasformato in incubo una prospettiva paventata che nessuno ha il coraggio di chiamare col nome corretto. Mi chiedo se queste incomprensioni siano consolidate da tempo, occultate dal buon viso che non ha neanche più voglia di giocare. Chi sarò domani, quel domani che non potrei calendarizzare con precisione, è la domanda che non può essere posta al plurale. È lo specchio che evitiamo da troppe mattine per non verificare un acceleramento del tempo che il volto potrebbe restituire. Lo percepisco quando leggo i messaggi di risposta. C'è qualcosa di subdolo, di volontariamente protettivo nelle parole utilizzate. Mi ricostruisco in mente gli attimi in cui le dita digitano le lettere che la mente ordina senza riflessione. Gli stati d'animo sospendono le libertà di personalizzare gli scambi d'opinione e lasciano vagare le emozioni. Forse non ci siamo mai compresi. Forse non ci abbiamo neanche mai provato. Sono le solitudini che la minaccia di un contagio ha soltanto palesato. Mi arrivano notizie di persone decedute che, indirettamente, hanno incrociato i miei ambienti. Le mie passioni, i miei interessi. Qualsiasi cosa che abbia potuto predisporre un contatto che di fatto non è mai avvenuto. Accenno ad un commento a questa moda di informarci su tutto. Lo faccio col distacco necessario per impedire che anche questa apologia alla sofferenza possa entrare nella mia vita. Le parole si scontrano a metà strada, su queste vie indefinite e digitali dove in ogni caso non ci incontreremo mai. E poi penso a quelli che non hanno mai avuto il tempo per occuparsi di una nuova preoccupazione, quale può essere considerata questa cellula impazzita. È riuscita a convincerci che la segregazione fosse un capitolo della nostra vita da far aprire e chiudere da una delega concessa a un detentore di una verità possibile. Penso a chi ha un figlio che lo guarda da anni senza riuscire a pronunciare le parole giuste che con arroganza digitiamo su uno schermo. Autismo, degenerazioni dai nomi impronunciabili. Sorrisi e carezze che lasciano sempre il sapore della mancata reazione. Ho visto mani muoversi nel vuoto inseguendo allucinazioni che non riuscivo ad interpretare. Mani che si allungavano a cercare quel contatto che oggi siamo riusciti a disumanizzare. Mi sorprende la spontaneità dei cultori del nostro domani, delle bocche della verità che sono rimaste serrate quando avrebbero dovuto alitare saggezza. La semplice deduzione che una simulata commozione, davanti alle sempre presenti telecamere delle testimonianze da tramandare ai posteri, sia sufficiente a dare le risposte che madri, padri di famiglia hanno rinunciato a considerare zittiti dalle urla immotivate dei figli che invocano con mezzi comunicativi primordiali la riconoscenza della loro esistenza. Chi saranno domani questi figli? Azzardato comprendere. Li ho visti questi respiri affannati, assaporati nel mio disagio. Non riuscivo a costruire una gentilezza da pronunciare con la bocca e nobilitare col pensiero, bloccato e vulnerabile da una sentimento che non volevo murare in ipocrisia. Perché davanti a quelle vite, un galateo di circostanza pretende di affiancare l'attributo giusto, che non sia troppo offensivo, che non sia eccessivamente crudo. Che non sia semplicemente vero. Oggi li vorrei qui accanto, nella mia emarginazione, fedele compagna di una scelta di alienazione. Riscatterei un pianto soffocato in gola perché, se voglio essere sincero con me stesso e riconoscere il rispetto dovuto, non sono mai stato costretto a frenare l'istinto di un contatto con sguardi sbarrati che intuivano le mie paure mentre invidiavo la loro immensa voglia di vivere.

N... giorno + 25

Non si terrà quest'anno l'evento musical-culturale che, dal 2013, abbiamo potuto assistere a Taranto in occasione dell'annuale ricorrenza del Primo Maggio. Il comitato organizzatore ce lo ha comunicato stamattina durante la conferenza stampa, rigidamente in collegamento digitale, che ha organizzato il Comitato dei Cittadini e Lavoratori Liberi e Pensanti. La nuova emergenza che l'umanità sta affrontando in questi mesi, non ammette colpi di testa. Neanche una possibile manifestazione da tenere via streaming dagli artisti che avevano aderito al progetto, è stata considerata un'idea realizzabile. Il messaggio è fin troppo chiaro. Occorre, ora più di prima, evidenziare un'emergenza che definirla così suona di eufemismo, considerando che negli anni si è trasformata sempre più in uno stato di cose per il quale non si riesce ad immaginare una imminente uscita dal tunnel, volendo prendere a prestito una locuzione rispolverata in queste settimane. Mi hanno dato l'accredito stampa il giorno prima e avevo voglia di ascoltare e vedere altra gente, diversa dai volti diventati oppressivi che si nascondono tra le viuzze del quartiere ogni giorno a orari diversi. Finisco per incontrarli tutti, a ruota. Da qualche giorno qualcuno si lascia scappare un accenno di saluto. Timido, quasi celato dalla paura di tornare troppo in fretta alle abitudini di sempre. Fino a una settimana fa, si scostavano al mio passaggio, pur protetti meglio di un operatore sanitario in prima linea. Anzi, sicuramente meglio, visto il numero dei morti registrati in questo campo. Dialogare per un tempo della durata di una conferenza stampa, disposto ad ascoltare chi vive un'emergenza dalla nascita, assume un valore diverso. Provare rispetto per chi vive accanto ad una bomba ecologica che non ha bisogno di esplodere, non basta per sentirsi partecipi di un destino nazionale che, da siciliano, ho toccato con mano e ne ho provato la nausea passandoci accanto. Le ciminiere di Augusta ad illuminare un pezzo di costa come se non fosse mai notte. Sparire dalle case delle proprie famiglie, lasciando l'assenza impressa sulle fotografie dei pianti soffocati, in mostra sulle vecchie credenze ereditate dalle generazioni precedenti. Voglio restare ad ascoltarli in silenzio. Avrò anch'io migliaia di parole da custodire. La conferenza stampa è stata l'occasione per tornare a parlare della tragedia, non trovo altro termine più adatto per descriverla, dei lavoratori e dei cittadini di Taranto, schiacciati dall'incudine dell'Ilva che con l'inquinamento ha causato migliaia di morti e il martello della necessità di un futuro che mette su due piatti della bilancia la scelta tra il diritto alla salute e quello al lavoro. Un'opzione obbligata che, durante il dibattito, ha sottolineato un'improbabile coesistenza di questi due diritti, dovendo far fronte alla lotta impari tra il bieco profitto, da realizzare ad ogni costo, e il sacrificio dei lavoratori che non riescono ad immaginare un domani sicuro per se stessi e per le loro famiglie. La Covid-19 ha tutte le credenziali per edificare ad hoc un altro alibi dei nostri governanti, adesso impegnati a risolvere le questioni legate alle fasi progressive che dovrebbero condurre gli italiani al ritorno di una vita normale. Appare azzardato l'utilizzo di questo attributo, se raffrontiamo le condizioni di vita dei lavoratori prima dell'avvento del virus. La pandemia ha aggiunto alla vita delle famiglie tarantine lo scrupolo di essere obbligati a lasciare lo spazio e i riflettori ad un problema che nessuno può ancora accampare la pretesa di conoscerne la soluzione. Una sorta di nuova lotta tra poveri che, nel tentativo di smuovere le coscienze, lascia il dubbio di fare in ogni caso la scelta sbagliata. L'obbligo di manifestare solidarietà, scacciando dalla mente la consapevolezza di non averla sempre ricevuta quando le mogli attendevano mariti che non sarebbero mai tornati. Sono rimasto ad ascoltarli e a impadronirmi delle loro storie. Tra gli interventi, molto sentito e coinvolgente quello dell'artista Roy Paci che, originario proprio di Augusta, ha vissuto sulla propria pelle e su quella dei siciliani da decenni gli stessi problemi di Taranto. Non è facile riuscire a concretizzare un pensiero sul da farsi e su quali possano essere i rimedi ad una situazione così assurda. Me lo ripeto, non è giusto per nessuno essere posto davanti ad un bivio costretto a scegliere tra lavoro e salute. Oggi posso scegliere se restare a casa e adeguarmi ad una soluzione di necessità, i tarantini e chi vive da anni accanto a questi stillicidi, non lo ha mai potuto fare. Non saremo più come prima, continuano a ripetercelo. Neanche il Primo Maggio. Aggiungo io.

N… giorno + 26

Ho fatto il bagno a mare. Sono uscito di casa presto. Non avevo voglia di perdere troppo tempo tra indugi, direzioni da prendere, scelte tra mare e campagna. Avevo voglia di fare entrare la salsedine su per le narici a pulire la polvere da chiusura in casa. Passi veloci a cercare il mare. Lo zaino sulle spalle, la macchina fotografica. Hanno annunciato che non occorre più avere l'autocertificazione. Non mi fido di chi dovrebbe capire, di chi dovrebbe interpretare le regole e farle applicare. Non ho voglia di rischiare un battibecco burocratico con qualche uomo in divisa, un altro che dopo anni di anonimato si è specchiato dentro un ruolo legalizzato dall'emergenza. Non ho voglia di trattenermi nella coerenza e nella provocazione di chiedergli come abbia fatto ad occupare quel posto. Non ho voglia di vedere nessuno. Né tanto meno parlare. Ed ecco che i passi hanno seguito l'istinto. Un breve viottolo tra case addormentate. Un pastore maremmano all'interno di un cortile mi sbadiglia la noia di quella monotonia ad annusare gli stessi richiami da giorni. Non mi fermo a salutarlo anche se avrei voglia di stringere quel testone bianco tra le mani, ad esternare l'istinto di un passione per i cani che non riesco mai a nascondere, glissando gli avvisi alla prudenza. Mi fa pensare come la comunicazione si sia arenata in un unico argomento. Ne discuto spesso con Sergio e Giuseppe nei nostri incontri di redazione nelle videochiamate quotidiane. I ritmi delle discussioni sono molto lenti. Gli argomenti sono tanti da trattare, ma di volta in volta come in un gioco di prestigio, qualcuno di noi monopolizza lo scambio di idee ed indirizza il dialogo che spesso si trasforma in monologo. Gli altri rimangono in rispettoso ascolto perché si avverte la necessità di svuotare la mente tartassata da troppi stimoli di riflessione, soggetti ad immancabili smentite o conferme. Tutto eccessivamente contrastante ed apatico. Alcuni giorni anche nauseabondo. Mi sono ritrovato davanti al mio fedele parapetto che funge da parterre al palcoscenico naturale delle onde sfolgorate dal sole sorto da qualche ora. Avevo la forte tentazione di liberare i piedi dalle scarpe da tennis ed immergerli in acqua come la tradizione che ho strappato dall'infanzia pretendeva di essere rispettata. Si infossava nella ghiaia, ancora umida dalle recenti mareggiate e sapevo che avrebbe rallentato il cammino. Il mio obiettivo era di arrivare fino alla fine del paese. Un percorso di oltre tre chilometri che mi sono imposto di percorre per intero. Qualche sagoma lontana si confondeva con le voci che il vento spingeva sulla spiaggia. Qualcuno a giocare con altri cani non si è voltato a verificare lo scruscio della ghiaia che invadeva l'aria ad ogni mio passo. Ancora troppa diffidenza che non volevo pensare fosse diventata già una nuova regola di convivenza. Come quel cane, che rincorreva gabbiani annoiati dal lento avvio della giornata, sentivo lo sprigionarsi della reazione ad un'improvvisa voglia di fuga. Mi sarei fermato solo all'ultimo metro di quel programmato tragitto. Così ho fatto. Ho appoggiato lo zaino sulla ghiaia. Le scarpe da tennis sono volate qualche metro più in la. Spedito senza tentennamenti, tipici anche nel periodo estivo quando il calore ha già superato il livelli di sopportazione, sono entrato in acqua. Solo per un momento ho provato a fare mente locale sulle disposizioni riguardo le cose che si possono e che non si possono fare. Non mi sarei fermato, anche se avessi trovato un freno inibitorio in quello sforzo di ricordo. Immerso dentro il mare che conosco da bambino, in una nuova esperienza più appagante. Ci siamo riconosciuti, senza alcun rispetto per le distanze sociali. Due elementi della natura che rientrano in contatto. L'uno disposto ad accogliere l'altro senza interdizioni, come il gesto di appartenenza al quale non potrei rinunciare mai. Non ricordo quanto tempo è durato questo amplesso di molecole che si integrano, si mescolano, senza un ruolo di dominio che debba necessariamente pretendere uno di sudditanza. I rapporti umani dovrebbero rispettare lo stesso principio e forse non staremmo qui a vivere una schizofrenia collettiva. Ho pensato di scriverla sulla battigia uscendo dal mare. Troppo emozionato per ricordare se lo abbia fatto davvero. Mi aspettava Joseph Roth con la sua copertina arancio. Il contatto con quelle pagine hanno completato il prodigio e un viaggio di parole mi ha condotto nella metafisica che una giornata al mare dovrebbe esclusivamente rappresentare. Neanche le pale di due elicotteri sopra la testa ha disturbato i gabbiani che facevano l'amore con le gocce dorate di salsedine. I gabbiani non capiranno mai la nostra follia, nonostante un altro Jonathan un tempo chiuse l'ultimo anello della catena di un'evocazione comunicativa tra uomo e due ali librate in volo. Attraverso le pagine di un libro.

N... giorno + 27

Le riunioni di redazione sono costanti, quasi giornaliere. Abitualmente il mercoledì era il giorno stabilito per vederci la sera e discutere la pubblicazione del giornale del mattino. Un po' per commentare gli articoli ma in modo particolare per avere l'occasione di incontrarci e scambiarci opinioni anche della propria vita privata. Sapere di non poterlo fare con la stessa libertà, ci ha indotto a sbloccare la situazione e concederci il privilegio di un incontro quotidiano e visivo tramite una chiamata whatsapp. I primi giorni non lo facevamo. Qualche messaggio che rassicurasse tutti delle condizioni di salute. Qualcun altro sarcastico, all'interno dei quali ha sempre trovato posto l'argomento del nuovo secolo. Punti di vista che si sono incrociati, sorretti, smentiti e a volte abbandonati, impotenti davanti ad un'analisi difficile da sintetizzare. Una redazione ha bisogno di questo scambio di sensazioni a pelle, di pensieri che si insediano nelle riflessioni che pretendono risposte. Sintetizzare il tutto e metterlo a confronto con opinioni diverse, fonti diverse. Riuscire a leggere tra il detto e il non detto che nessuno si prenderebbe mai la responsabilità di rendere certezza. Tutte quelle informazioni che sembrano tentativi di tradurre lo sgomento della gente in una teoria scientifica che valga per tutti. A turno ci siamo vestiti del ruolo dell'ascoltatore. Qualcuno di noi, in quel momento, ha monopolizzato il sunto personale di un eccessivo nozionismo, di tanta troppa arroganza, di sufficienza nel trasmettere a milioni di persone un risultato certo conseguente di un atteggiamento giusto. Improvvisazioni, dettate da protocolli consolidati nel tempo e figlie di precedenti analoghe situazioni. Improvvisazioni, così le definisce Sergio che inizia sempre ogni suo intervento con la premessa che "la medicina non è una scienza". Le contraddizioni nelle varie esposizioni di luminari, o di improvvisati detentori di teorie collettive sull'argomento, sono la prova di un'evidente ignoranza in materia. Decenni di ricerca, spesso ostacolata da scelte scellerate di tornaconto economico da rispettare, non hanno portato ad una padronanza del nostro sistema sanitario a sapere, sempre e comunque, far fronte ad emergenze inaspettate. La gestione dell'urgenza di reazione immediata che trasformasse, se si debba considerare eccessivo pretendere che si potesse bloccare del tutto la diffusione del virus, in realtà che da redattori di un sud che ha sempre rappresentato il passaporto dell'inefficienza e pressappochismo da mettere in relazioni con la puntualità e l'affidabilità di altre zone del Paese, specie quando la latitudine ha fatto credere che fosse sufficiente per fare la differenza. Troppo complicato, anche per chi sta sul campo dell'informazione da un quarto di secolo e ha potuto documentare le divagazioni sulle realtà che ci hanno propinato negli anni. A volte si raggiunge un'imbarazzante assenza di parole. I volti si incrociano sugli schermi dei telefonini, ma nessuno riesce a sbloccare lo stallo dell'attesa. Solo un'improvvisa e salutare ironia su migliaia di personaggi che riescono a ritagliarsi lo spazio giusto per emergere, anche in queste situazioni, impedisce che l'istinto comandi il dito che chiuderà la comunicazione. Altri minuti da condividere con il timore di avere tralasciato qualcosa di importante nella discussione. Di solito sono io quello che vedo i volti degli altri. Propongo un'immagine paesaggistica rivolgendo la telecamera del cellulare verso il mare. Come è accaduto stasera. Da qualche giorno non eravamo riusciti a rispondere all'appello ed essere tutti presenti nello stesso momento. Lo schermo si è diviso in quattro. Non lo faceva davvero da troppo tempo. Ero in spiaggia e ho continuato a mostrare il tramonto marino voltando il telefonino da sinistra a destra, secondo l'ispirazione di una frazione di secondo. Le voci di famiglie con bambini a nascondere la cruda realtà della quale non si può eludere il ruolo di responsabili. Una ragazza in bicicletta a sfrecciare sul lungomare, come un rispetto della tradizione che l'inizio della stagione turistica suppone. Domani, hanno ribadito, si avvierà la Fase Due, quella della ripresa parziale delle attività. L'hanno definita così, per semplificare il contenuto di queste nuove disposizioni che regolarizzeranno le nostre vite. Alcuni cani lanciano un latrato ad una luna che va completandosi in cielo. Di ritorno verso casa ho prestato attenzione tendendo le orecchie verso il balcone della signora anziana e il suo jack russell. La serranda era melanconicamente abbassata. Come la mia voglia di risalire.

N... giorno + 28

Non si può descrivere. Ci si può provare, utilizzando le parole più ricercate ma si finirebbe in ogni caso a giungere ad un'accozzaglia di nozioni che non esprimerebbero lo stato d'animo di questo momento. Qualcuno ha anticipato i tempi ed ha aspettato l'alba del 4 maggio passeggiando l'intera notte precedente tra le ombre dei lampioni, in cerca di un voluta solitudine che non doveva e non ha avuto la necessità di giustificare il perché essere con se stessi. Contare i passi come un gioco folle. Percorrere lo stesso tratto di strada all'infinito, annotando nella mente dettagli sfuggiti e riscoperti ad ogni passaggio. Mi ci sono riconosciuto in questo ruolo di evaso precursore di una fuga collettiva, programmata e legittimata. Un'intera notte a cercare di capire cosa voglia dire veramente tornare a fare le cose alle quali siamo legati, che sono servite a costruire il carattere, il modo di pensare, le reazioni e le rassegnazioni a tutto quello che ci accade. Vedere svolazzare insetti a cercare la luce artificiale, irradiarsi nella notte della luna che sorge dietro i monti della Calabria, a fare da sfondo ad una ricercata intimità. Avrei guardato con prudenza le auto che sfrecciano ad ogni orario su questo lungomare abbandonato nell'attesa. Avrei incrociato i volti degli altri ospiti seduti sul muretto nella penombra. Saluti veloci, qualche sosta a scambiare due risate spontanee che avrei saputo di poter replicare ad ogni prossima occasione. Non ho corso questo rischio in questa notte di porte spalancate ad una ripresa che non riesco a collegare a un ben definita sospensione. Non è soltanto e probabilmente un rifiuto della realtà, è riassumere in brevi pensieri migliaia di secondi di eccessiva riflessione. Ho ascoltato la mia voce, pronunciata esternamente come una lezione da ripassare. Compagna di ore che, forse per la prima volta, non ho sentito il bisogno di soffocare velocemente. Ho immaginato di incontrare qualcuno, qualche metro più in là, o forse a seguire i miei passi con la giusta pudicizia di chi teme di invadere una libertà di alienazione. Avrei sfidato le direttive di un altro modo di concepire la convivenza sociale. Avrei coinvolto quel complice notturno ad un gesto spontaneo che un essere umano non dovrebbe mai rinunciare a compiere. Uomo, donna, bambini, che importanza avrebbe avuto più di quanto non ne abbia avuto mai. Che fosse stato uno scambio di opinioni ad una distanza di fiducia. Una stretta di mano senza un preservativo di gomma che tuteli l'epidermide. O magari percorrere i metri mancanti alla fine del lungomare, uno accanto all'altro. Immergersi nei sentimenti di entusiasmo che non avremmo voluto nascondere. I discorsi di politica di un altro esperto delle vicende umane di casa nostra. Le lamentele di una madre a domare da oltre cinquanta giorni l'esuberanza di un figlio, come se essere madre fosse iniziato ad esserlo il primo di questi giorni da dimenticare della quarantena. O la voce tuonante di bambino o bambina che fosse, a correre su questo lungomare laconico che stimola gli altri sensi a ritornare a vivere. Avrei accettato tutto e tutti. Sarei rimasto in silenzio davanti a questo nuovo palcoscenico che la filosofia personale di ognuno di noi non sa interpretare. Ma ho ascoltato con smodata pazienza un richiamo dal mondo che non si è manifestato. Neanche un sopraggiunto umido ha scosso l'apatia dei muscoli che eseguivano un comando a distanza che non pretendeva alcuna sicurezza. Ogni piccolo angolo che la penombra mi ha restituito ho memorizzato legandolo ad un episodio che lo vedesse protagonista. Quando i ricordi non hanno saputo restituirmi le emozioni, ne ho inventate io sul momento perché neanche un mattone, un muro screpolato o una pietra scagliata da una mareggiata potesse rimanere senza la sua storia da raccontare. Sono giunto fino alla fine di un percorso stabilito e l'ho doppiato più volte fino a quando un altro astro ha spezzato la luce dell'orizzonte sorgendo anch'esso da dietro le montagne della Calabria. Mentre la luce del giorno invadeva la mia apnea meditante, due figure in lontananza hanno spezzato la monotonia di un paesaggio rovinato dal tempo che ci ha bruciato già due mesi che nessuno ci restituirà. Le ho guardate per un po' a debita distanza prima di decidere di avvicinarle. Mano mano che le sagome ingrandivano la prospettiva coprendo lo sfondo del mare bruciato dal sole che saliva impetuoso in cielo, le loro voci hanno ucciso il silenzio delle ore notturne appena trascorse. Non sarei intervenuto in quel dialogo, ancora una volta monopolizzato dal virus del momento. I discorsi mi sono giunti confusi, increspati più di quanto i due protagonisti riuscissero ad agitare in quel dialetto che si trucca di un italiano che rivendichiamo di avere inventato. Solo qualche frammento del discorso ha toccato la parte più sensibile del cervello. Una domanda mi è rimasta incompiuta perché mi sarei aspettato anche la risposta da questi due vaganti della fase 2, in cerca di un nuovo argomento da discutere in fila per entrare nel primo bar attrezzato a servire nuove speranze da un bicchiere di granita che identifica un popolo. Uno dei due, non ricordo e non riesco a focalizzare la giusta provenienza ha chiesto all'altro, ma rivolgendo la questione ad un'invisibile società dove rientrare a farne parte, se ormai avremmo dovuto rassegnarci a credere che si morisse solo di coronavirus. Non ho atteso la risposta ed invece mi sono ritrovato a casa a scegliere una segregazione, imposta stavolta dal mio egocentrismo. Un giorno intero, mentre milioni di persone hanno stracciato metaforicamente la maschera di un pudore che nasconde una delle tante paure che ci rimarrà fedele anche negli anni a venire. Tutti fuori. Come un titolo di un film da parodiare. Voci invadenti a rivendicare una presenza, mentre un auricolare ha ovattato il fastidio di una prova di ritorno alla normalità. Ho acceso il computer aspettando un altro giorno ancora per creare il giusto distacco con un altro adeguamento della massa. Le prime due notizie pervenute in redazione, una in sequenza all'altra. Lo stesso tema. Drammatico come la cronaca impone, anche in tempi di non particolare emergenza. Due ragazzi, 25 anni uno e 29 l'altro. Appassionati di musica. Un dj e un rapper stroncati da un malore improvviso, come un'adulta sindrome della morte in culla. Quella dove verranno adagiati con un dolore cronico di madri, che avranno un motivo diverso per ricordare a vita il 2020. No, non si muore solo di coronavirus.

N… giorno + 29

Come se non fosse accaduto nulla. Nei giorni precedenti, nei mesi. Un giorno fa. Un momento fa. Una notte di
distacco mi ha distratto a sufficienza per potermi rendere conto di essere anch'io in Fase Due. Non rinuncio alla
mia uscita quotidiana. Non l'ho fatto durante tutta la
Fase Uno per smentirmi proprio adesso. Ci sono spazi di
libertà che non mi appartengono più. Sguardi che non
incrociavo da settimane mi riconoscono per strada. Non
so fino a che punto posso considerarlo un segnale positivo. È invadenza, senza troppi giri di parole. Me li sento
addosso nonostante un eccessivo rispetto di una distanza sociale. Non ho mai avuto bisogno di una ufficializza-
zione per scollegarmi dai contatti di circostanza. Un
istinto naturale mi ha sempre guidato a prendere le do-
vute distanze da un'aggregazione rispolverata in una
nuova fantasiosa gestazione di legalità. Sono stanco di
accumulare teorie da esperti annunciati da un anonimato dove non riesco a distinguere la mia ignoranza in materia dalla loro arroganza, legittimata da un volto noto

che me li pone al centro dell'attenzione. Lascio a tutti la libertà di esprimere un giudizio con la prosopopea che sia l'unico inconfutabile e possibile. Non mi chiedo neanche dove fossero prima che tutto questo si sia impadronito dei nostri monologhi. A memoria ripercorro le stradine che mi conducono a mare. Mi ritrovo davanti i tre ragazzini che mi hanno invitato a giocare qualche giorno fa. Sono con la madre. Mi salutano sotto l'occhio preoccupato della donna. Non mi soffermo più del dovuto. Un veloce scambio di sorrisi e la mia curiosità che prova a scorgere il pallone che ci ha reso complici per un giorno. C'è gente in giro. Qualcuno dice anche troppa. Non è un commento di chi avverte la mia stessa oppressione. È ancora preoccupazione che tutta questa ritrovata vita quotidiana possa essere ridimensionata in brevissimo tempo. Sono soli a correre liberamente sull'asfalto, già caldo da un'anticipata estate liberatoria. Sento il caldo che invoglia ad abbandonare qualsiasi precauzione. Opprimente solo il pensiero di una mascherina protettiva. Mi mantengo a distanza, più di quanto una norma ci costringerebbe a fare. Voglio ritagliarmi il mio spazio. Quello dei giorni precedenti. Quello che forse non potrò più permettermi di rivendicare. Rimango confuso su quale direzione prendere e come un segugio seguo l'intensità dell'odore che mi attira senza difese. Ho con me il libro di Roth. Lo tengo tra le mani, passandolo da una all'altra come un gioco infantile da studente svogliato di ritorno da scuola. Mi fermo a pensare anche a questo aspetto rivoluzionato di questa bizzarra fase del nostro quotidiano. Ripenso ai maggi andati, in età scolastica, quando le ultime settimane di frequentazione erano il pretesto per ritrovarsi su questo stesso lungomare a fantasticare con i compagni di scuola. Un privilegio che è stato sottratto a milioni di studenti. Mi sento per un attimo un prescelto. Uno che ha avuto la scelta di decidere quale sarebbe stato l'ultimo giorno di scuola senza attendere che un ministro lo trasformasse in legge. Ne ho parlato con Franco, un collaboratore del giornale. Fa l'insegnante a Torino e ci ritroviamo spesso a discutere su una chat su cosa si prospetterà nei prossimi mesi in un tema delicato quale quello della didattica. Ha scritto diverse cose sull'argomento. Una miscela esplosiva e combattuta di emozioni contrastanti, tra la preoccupazione di identificare ancora con puntualità il proprio ruolo, le idee futuristiche di chi vede la scuola come un contatto a distanza che non prevaricherà il rapporto da docente e studente. I contatti già compromessi da questa didattica a distanza che lo fa sentire già allontanato da un mondo di giovani che stava provando a comprendere. Sono stanco delle solite conclusioni che ci fanno illudere che abbiamo vissuto un'età scolastica migliore di quella delle nuove generazioni. Sono stanco di prendere coscienza che in quegli anni abbiamo denigrato il nostro diritto allo studio e le nostalgie che avremmo accumulato nel tempo, per ritrovarsi una sera seduti attorno ad una tavola imbandita con pochi superstiti, compagni amatissimi di anni dominati dalla strafottenza e la giusta ribellione da contrapporre alle paternali di insegnanti più ispirati. Lo sguardo vola oltre questi pensieri nostalgici. Cerco un angolo isolato dove sfogliare qualche pagina del libro. Rileggo più volte un passo dello scrittore che sembra raccontarmi meglio di qualsiasi commentatore televisivo quello che stiamo vivendo. La stupidità di una delle tante guerre che un libro scritto diversi decenni fa mi spiega nella semplicità che nessuno ha mai voluto capire completamente. Parole che sanno di ovvietà, che assumono maggior significato quando l'invisibile diventa l'incubo di una possibile morte prematura. Tutti quei dettagli che dovrebbero far maturare quei pensieri nobili sui quali immaginare un modo diverso di appassionarsi all'esistenza dell'essere umano. Penso a tutto questo utilizzando il plurale. La condivisione rende il senso di colpa più facile da digerire. Tutto sembra come niente sia accaduto realmente. Non sono solo le persone uscite dalla segregazione votata alla riflessione. Le auto tornate numerose ad inquinare il silenzio compagno inseparabile di una ricercata solitudine dei giorni precedenti. È già indifferenza quella che domina lo sguardo sui guanti abbandonati lungo la strada. Non mancano le mascherine gettate alla rinfusa che scanso al mio passaggio. Svuotato da una rinnegata appartenenza, lascio dietro me l'umanità che si rimpossessa dei vizi accantonati per un breve lasso di tempo, a salvaguardia della specie. La strada di casa mi richiama ad un nuovo isolamento. Giungo davanti al portone, anacronistica via di fuga e, dall'altra parte della strada, la signora dai capelli ramati col jack russell accanto percorre i primi passi sul marciapiede. La saluto con una speranza rinnovata che sento la voglia di trasmetterle. Non mi risponde. Neanche questa volta. Non lo ha mai fatto. Nemmeno prima del coronavirus. La normalità si è rimpadronita delle nostre vite...

Indice

Nota di edizione

Questo libro

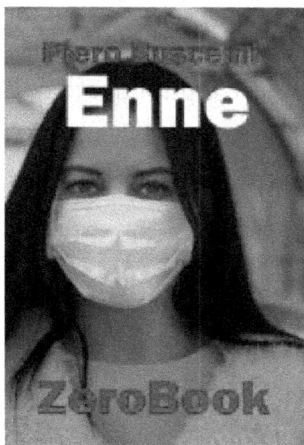

"Questa quarantena ha scosso le coscienze, risvegliando l'antico dilemma del giusto e dello sbagliato che c'è in ognuno di noi sin dalla nascita". Il diario della quarantena, scritto da Piero Buscemi, tra eventi minimi e accadimenti quotidiani, la morte del padre, la normalità – qualsiasi cosa essa sia – mentre il tempo scandisce con matematica precisione (Enne più uno, enne più due...) lo scorrere dei giorni.

L'autore

Piero Buscemi è nato a Torino nel 1965. Redattore del periodico online www.girodivite.it, ha pubblicato : "Passato, presente e futuro" (1998), "Ossidiana" (2001, 2013), "Apologia di pensiero" (2001), "Querelle" (2004), *L'isola dei cani* (2008, ZeroBook 2016), "Cucunci" (2011), "Le ombre del mare" (2017, edito da Bibliotheka). Ha curato l'antologia di poesie *Accanto ad un bicchiere di*

vino (ZeroBook 2016); e le antologie di articoli di vari autori pubblicati su Girodivite: *Parole rubate* (2017), *Celluloide* (2017). Per il volume di poesie *Iridea* di Alice Molino (ZeroBook, 2019) ha contribuito con una scelta di suggestioni fotografiche. Vincitore di diversi premi letterari, alcuni suoi racconti e poesie sono contenuti in alcune antologie nazionali. Il romanzo "Querelle" è stato tradotto in inglese e pubblicato dalla Pulpbits Press (Stati Uniti). È tra i fondatori dell'Associazione culturale "Aromi Letterari" di Messina. Sostenitore Emergency, collabora con l'Avis (donatori sangue) ed è promotore delle iniziative di ActionAid Italia.

Le edizioni ZeroBook

Le edizioni ZeroBook nascono nel 2003 a fianco delle attività di www.girodivite.it. Il claim è: "un'altra editoria è possibile". Zero-Book è una piccola casa editrice attiva soprattutto (ma non solo) nel campo dell'editoriale digitale e nella libera circolazione dei saperi e delle conoscenze.

Quanti sono interessati, possono contattarci via email: zerobook@girodivite.it

O visitare le pagine su: https://www.girodivite.it/-ZeroBook-.html

Ultimi volumi:

La socialdemocrazia italiana fra scissioni e confluenze (1947-1998) / Ferdinando Leonzio.

Cortale, borgo di Calabria / di Pasquale Riga

Delitto a Nova Milanese : venticinque righe nelle "brevi" / Adriano Todaro

Abbiamo una Costituzione : Ideologie, partiti e coscienza democratica costituzionale / Gaetano Sgalambro

Lentini nell'Italia repubblicana / di Ferdinando Leonzio

Emma Swan e l'eredità di Adele Filò / di Simona Urso

Otello Marilli / di Ferdinando Leonzio

Autobianchi : vita e morte di una fabbrica / di Adriano Todaro prefazione di Diego Novelli

Sei parole sui fumetti / di Ferdinando Leonzio

Sotto perlaceo cielo : mito e memoria nell'opera di Francesco Pennisi / di Luca Boggio

Accanto ad un bicchiere di vino : antologia della poesia da Li Po a Rino Gaetano / a cura di Piero Buscemi

Il cronoWeb / a cura di Sergio Failla

L'isola dei cani / di Piero Buscemi

Saggistica:

I Sessantotto di Sicilia / Pina La Villa, Sergio Failla (ISBN 978-88-6711-067-4)

Il Sessantotto dei giovani leoni / Sergio Failla (ISBN 978-88-6711-069-8)

Antenati: per una storia delle letterature europee: volume primo: dalle origini al Trecento / di Sandro Letta (ISBN 978-88-6711-101-5)

Antenati: per una storia delle letterature europee: volume secondo: dal Quattrocento all'Ottocento / di Sandro Letta (ISBN 978-88-6711-103-9)

Antenati: per una storia delle letterature europee: volume terzo: dal Novecento al Ventunesimo secolo / di Sandro Letta (ISBN 978-88-6711-105-3)

Il cronoWeb / a cura di Sergio Failla (ISBN 978-88-6711-097-1)

Il prima e il Mentre del Web / di Victor Kusak (ISBN 978-88-6711-098-8)

Col volto reclinato sulla sinistra / di Orazio Leotta (ISBN 978-88-6711-023-0)

Il torto del recensore / di Victor Kusak (ISBN 978-6711-051-3)

Elle come leggere / di Pina La Villa (ISBN 978-88-6711-029-2

Segnali di fumo / di Pina La Villa (ISBN 978-88-6711-035-3)

Musica rebelde / di Victor Kusak (ISBN 978-88-6711-025-4)

Il design negli anni Sessanta / di Barbara Failla

Maledetti toscani / di Sandro Letta (ISBN 978-88-6711-053-7)

Socrate al caffé / di Pina La Villa (ISBN 978-88-6711-027-8)

Le tre persone di Pier Vittorio Tondelli / di Alessandra L. Ximenes (ISBN 978-88-6711-047-6)

Del mondo come presenza / di Maria Carla Cunsolo (ISBN 978-88-6711-017-9)

Stanislavskij: il sistema della verità e della menzogna / di Barbara Failla (ISBN 978-88-6711-021-6)

Quando informazione è partecipazione? / di Lorenzo Misuraca (ISBN 978-88-6711-041-4)

L'isola che naviga: per una storia del web in Sicilia / di Sergio Failla

Lo snodo della rete / di Tano Rizza (ISBN 978-88-6711-033-9)

Comunicazioni sonore / di Tano Rizza (ISBN 978-88-6711-013-1)

Radio Alice, Bologna 1977 / di Lorenzo Misuraca (ISBN 978-88-6711-043-8)

L'intelligenza collettiva di Pierre Lévy / di Tano Rizza (ISBN 978-88-6711-031-5)

I ragazzi sono in giro / a cura di Sergio Failla (ISBN 978-88-6711-011-7)

Proverbi siciliani / a cura di Fabio Pulvirenti (ISBN 978-88-6711-015-5)

Parole rubate / redazione Girodivite-ZeroBook (ISBN 978-88-6711-109-1)

Accanto ad un bicchiere di vino : antologia della poesia da Li Po a Rino Gaetano / a cura di Piero Buscemi (ISBN 978-88-6711-107-7, 978-88-6711-108-4)

Neuroni in fuga / Adriano Todaro (ISBN 978-88-6711-111-4)

Celluloide : storie personaggi recensioni e curiosità cinematografiche / a cura di Piero Buscemi (ISBN 978-88-6711-123-7)

Sotto perlaceo cielo : mito e memoria nell'opera di Francesco Pennisi / di Luca Boggio (ISBN 978-88-6711-129-9)

Per una bibliografia sul Settantasette / Marta F. Di Stefano (ISBN 978-88-6711-131-2)

Iolanda Crimi : un libro, una storia, la Storia / di Pina La Villa (ISBN 978-88-6711-135-0)

Autobianchi : vita e morte di una fabbrica / di Adriano Todaro

prefazione di Diego Novelli (ISBN 978-88-6711-141-1)

Dizionario politico-sociale di Nova Milanese : Passato e presente / Adriano Todaro (ISBN 978-88-6711-151-0)

Abbiamo una Costituzione : Ideologie, partiti e coscienza

democratica costituzionale / Gaetano Sgalambro (ebook ISBN 978-88-6711-163-3, book ISBN 978-88-6711-164-0)

La peste di Palermo del 1575 / di Giovanni Filippo Ingrassia (ebook ISBN 978-88-6711-173-2)

Narrativa:

L'isola dei cani / di Piero Buscemi (ISBN 978-88-6711-037-7)

L'anno delle tredici lune / di Sandro Letta (ISBN 978-88-6711-019-3)

Emma Swan e l'eredità di Adele Filò / di Simona Urso (ISBN 978-88-6711-153-4)

Delitto a Nova Milanese : venticinque righe nelle "brevi" / Adriano Todaro (ebook ISBN 978-88-6711-171-8, book ISBN 978-88-6711-172-5)

Poesia:

Iridea / poesie di Alice Molino, foto di Piero Buscemi (ISBN 978-88-6711-159-6)

Il libro dei piccoli rifiuti molesti / di Victor Kusak (ISBN 978-88-6711-063-6)

L'isola ed altre catastrofi (2000-2010) di Sandro Letta (ISBN 978-88-6711-059-9)

La mancanza dei frigoriferi (1996-1997) / di Sergio Failla (ISBN 978-88-6711-057-5)

Stanze d'uomini e sole (1986-1996) / di Sergio Failla (ISBN 978-88-6711-039-1)

Fragma (1978-1983) / di Sergio Failla (ISBN 978-88-6711-093-3)

Raccolta differenziata n°5 : poesie 2016-2018 / di Victor Kusak (ISBN 978-88-6711-149-7)

Libri fotografici:

I ragni di Praha / di Sergio Failla (ISBN 978-88-6711-049-0)

Transiti / di Victor Kusak (ISBN 978-88-6711-055-1)

Ventimetri / di Victor Kusak (ISBN 978-88-6711-095-7)

Visioni d'Europa / di Benjamin Mino, 3 volumi (ISBN 978-88-6711-143_8)

Cortale, borgo di Calabria / Pasquale Riga (ISBN 978-88-6711-175-6)

Opere di Ferdinando Leonzio:

Una storia socialista : Lentini 1956-2000 / di Ferdinando Leonzio (ISBN 978-88-6711-125-1)

Lentini 1892-1956 : Vicende politiche / di Ferdinando Leonzio (ISBN 978-88-6711-138-1)

Segretari e leader del socialismo italiano / di Ferdinando Leonzio (ISBN 978-88-6711-113-8)

Breve storia della socialdemocrazia slovacca / di Ferdinando Leonzio (ISBN 978-88-6711-115-2)

Donne del socialismo / di Ferdinando Leonzio (ISBN 978-88-6711-117-6)

La diaspora del socialismo italiano / di Ferdinando Leonzio (ISBN 978-88-6711-119-0)

Cento gocce di vita / di Ferdinando Leonzio (ISBN 978-88-6711-121-3)

La diaspora del comunismo italiano / di Ferdinando Leonzio (ISBN 978-88-6711-127-5)

Sei parole sui fumetti / di Ferdinando Leonzio (ISBN 978-88-6711-139-8)

Otello Marilli / di Ferdinando Leonzio (ISBN 978-88-6711-155-8)

La diaspora democristiana / di Ferdinando Leonzio (ISBN 978-88-6711-157-2)

Lentini nell'Italia repubblicana / di Ferdinando Leonzio (ebook ISBN 978-88-6711-161-9, book ISBN 978-88-6711-162-6)

Delfo Castro, il socialdemocratico / Ferdinando Leonzio (ebook ISBN 978-88-6711-169-5, book ISBN 978-88-6711-170-1)

La socialdemocrazia italiana fra scissioni e confluenze (1947-1998) / Ferdinando Leonzio (ebook ISBN 978-88-6711-177-0, book ISBN 978-88-6711-178-7)

Parole rubate:

Scritti per Gianni Giuffrida: La nuova gestione unitaria dell'attività ispettiva: L'Ispettorato Nazionale del Lavoro / di Cristina Giuffrida (ISBN 978-88-6711-133-6)

Cataloghi:

ZeroBook: catalogo dei libri e delle idee 2012-...

Catalogo ZeroBook 2007

Catalogo ZeroBook 2006

Riviste:

Post/teca, antologia del meglio e del peggio del web italiano

ISSN 2282-2437

https://www.girodivite.it/-Post-teca-.html

Girodivite, segnali dalle città invisibili

ISSN 1970-7061

https://www.girodivite.it

https://www.girodivite.it

ZeroBook catalogo delle idee e dei libri

bimestrale

https://www.girodivite.it/-ZeroBook-free-catalogo-puoi-.html

www.ingramcontent.com/pod-product-compliance
Lightning Source LLC
Chambersburg PA
CBHW071348090426
42738CB00012B/3054